처음 시작하는
부동산 공부

처음 시작하는 부동산 공부

초 판 1쇄   2021년 01월 14일

지은이 이흥규
펴낸이 류종렬

펴낸곳 미다스북스
총괄실장 명상완
책임편집 이다경
책임진행 박새연 김가영 신은서 임종익

등록 2001년 3월 21일 제2001-000040호
주소 서울시 마포구 양화로 133 서교타워 711호
전화 02) 322-7802~3
팩스 02) 6007-1845
블로그 http://blog.naver.com/midasbooks
전자주소 midasbooks@hanmail.net
페이스북 https://www.facebook.com/midasbooks425

ISBN 978-89-6637-879-1 03320

값 15,000원

미다스북스는 다음 세대에게 필요한 지혜와 교양을 생각합니다.

평범한 직장생활 하면서 비범한 수익을 올리는 부동산 투자법

처음 시작하는
부동산 공부

이흥규 지음

미다스북스

평범한
직장인들은
누구나
돈으로부터의
자유를 꿈꾼다

필자는 평범한 직장인이다. 대학을 졸업하고 사회에 첫발을 내디딘 후 열심히 하면 돈을 많이 벌 수 있을 것이라는 막연한 기대감으로 살아왔다. 그러나 생각처럼 돈은 쉽사리 잘 모이지 않았다. 그러나 돈이 없으면 생활을 할 수가 없다.

현대인들은 물질의 노예라고 할 수 있을 정도로 소비를 예찬한다. 조금 비싸더라도 갖고 싶으면 지름신이 와서 사게 되고, 일을 마치고 돌아와 집 앞에 놓인 택배 상자를 개봉할 때, 그 기쁨은 이루 말할 수 없다. 잠자기 전에 침대에 누워 잠이 오지 않을 때는 새로운 물건이 나온 것이 없나 들여다보고 또다시 인터넷 장바구니를 가득 채운다. 요즘 많은 현대인들은 현재의 삶에 가장 큰 가치를 두고 자신의 신념에 따라 과감히 지갑을 연다. 아닌 게 아니라 몇 년 전부터 신조어로 자리 잡은 '소확행', '텅장', 'YOLO' 등의 용어는 현대인들의 소비 패턴을 잘 설명하고 있다.

특히 과소비를 통해 허세를 부리는 데 초점을 둔 'Flex'라는 용어가 요즘 유행처럼 번지고 있다. 젊은 세대들도 명품 구매에 열을 올리고 있다. 이런 현상은 현재에 많은 가치를 부여하는 것인데 원인은 미래에 대한 희망이 없기 때문이다. '부모 세대보다 가난한 최초의 세대'라고 자조 섞인 농담을 하기도 한다. SNS를 통해 보이는 많은 스타들이 사는 세상은 내 눈앞에 선명한데 정작 내 집 마련의 꿈은 잘 보이지 않는다.

월급만으로는 부자가 될 수 없다는 사실은 놀랍지 않다. 실제로 '2019년 한국 부자 보고서'에 기록된 부의 원천에서 근로소득은 순위가 제일 낮았다. 이는 곧 월급만으로는 부자가 되기 어렵다는 것을 뜻하며, 투자해야 한다는 말이다. 금융과 경제에 관해 문외한인 사회 초년생들에게도 부동산 재테크는 이제 필수라고 할 수 있다.

쥐꼬리만 한 월급으로 부자가 되기에는 물론 많은 어려움이 존재한다. 자본주의는 돈이 돈을 버는 세상이다. 하지만 여기에는 숨겨진 뜻이 있다. 바로 리스크를 감수해야 그 리스크에 대한 보상을 받는다는 것이다. 주식 투자로 몇 십 배를 버는 사람들을 보고, "하이리스크, 하이리턴 투자가 노동의 가치를 떨어뜨린다."라고 말을 하는 사람들도 많다. 그들에게 이윤은 곧 노동력의 대가로 얻는 이윤이라는 잘못된 전제가 깔려 있기 때문이다.

하지만 자본주의 사회에서는 리스크를 감수해야 그에 따른 이윤을 얻을 수 있다. 그 사람이 일을 하든, 백수처럼 놀든, 노동력과 금전적 보상과는 아무런 관련이 없다. 투자든 사업이든 리스크를 가장 많이 감수하는 사람이 가장 많은 이윤을 가져가는 것이 원칙이고, 아무런 투자 없이 번 노동 소득과 자본금을 잃을 리스크를 감수한 투자 소득을 비교한다는 것 자체가 오류다. 직장인은 회사에서 일하는 고용된 노동자이다. 회사에서 '주인 의식을 갖고 일하자!'라는 교육을 하긴 하지만 엄밀히 따지면 직장인은 회사의 주인이 아니다. 회사의 주인은 주주이다.

개인 회사는 100% 지분을 가진 한 사람이 그 회사의 주인인 거고, 대기업처럼 주주가 수천, 수만 명 있다면 수천, 수만 명의 주인이 지분을 나눠 갖는 것이다. 회사의 이윤이 많이 나면 그 이윤은 대부분 주주에게 간다. 직장인은 정해진 월급을 받고, 보너스를 더 받을 순 있지만, 그래도 회사가 번 이윤만큼 보상받지 못한다. 회사가 번 이윤은 배당을 통해 회사 주인들, 주주들한테 다 흘러간다.

직장인들의 입장에서는 부당하다고 생각할 것이다. 일은 다 내가 했는데, 이윤은 왜 다 회사 주인들이 가져가지? 아까 이야기한 자본주의의 룰을 생각해보면 그 이유를 알 수 있다.

"리스크를 감수한 사람이 이윤을 가져간다."

리스크를 감수한다는 것은 무엇인가? 한 회사가 망했다고 해보자. 그러면 직장인은 회사가 망했다고 해서 그 회사의 빚을 갚을 책임은 없다. 현재 다니고 있는 회사가 망해도 직장인은 같이 망하지 않는다. 단지 다니던 직장을 잃을 뿐이다. 회사의 주인은 회사가 이윤을 창출하면 배당을 통해 자신의 지분만큼 가져갈 수 있다. 아니면 가치가 오른 회사의 주식을 남에게 팔 수도 있다. 이런 구조로 인해 직장인은 큰 이윤을 갖거나 큰 부자가 되기 힘들다.

그럼에도 직장인의 장점은 분명히 있다. 일만 열심히 한다면 평생 본인의 자본을 투자하거나 리스크를 감수할 일이 없어서 돈을 잃을 일도 없고 안정적이다. 갖고 있는 재산을 잃어버릴까 봐 걱정할 필요도 없다. 특히 한 사업에 모든 역량을 쏟는 기업자는 전 재산을 하나의 주식에 몰빵한 것과 다름없어서 굉장히 불안정한 삶을 살고 있다. 이이 비하면 직장인은 아주 평화로운 삶을 즐기고 있는 셈이다.

투자는 리스크가 있어서 언제든 손실을 볼 수도 있다. 노동을 통해 한정적인 현금 수익이 투자 자금이 되기도 하고, 더 공격적인 투자를 할 수 있게 해주는 보호막을 만들어주기도 한다. 그렇기에 투자에서 노동의 가치는 무시할 수 없다. 가장 좋은 전략은 본인의 성향에 따라 노동을 통해 얻은 자본을 적절하게 투자하여 자산을 증식해 나가는 게 가장 건강한 성장 전략이 아닐까?

경제적 자유를 이루기 위해서는 먼저 종잣돈을 마련을 해야 하는데 그 기본이 되는 것이 직장인의 경우에는 월급이다. 즉, 부동산 투자를 위한 총알이 바로 내 월급이라는 것이다. 월급쟁이의 가장 큰 리스크는 일하지 않으면 내 수입은 바로 0원이 된다는 것이다. 그러므로 직장에 다니고 있는 동안에 그 월급을 활용하여 또 다른 수입 파이프라인을 구축해야 한다. 다양한 수입 파이프라인을 만들 수 있지만 가장 많이 사용되는 것이 부동산 투자이다.

- 4장 -
평생 돈 걱정 안 하게 만드는 부동산 투자 7가지 원칙

- 5장 -
나는 부동산 투자로 매달 보너스를 받는다

1장

평생 월급쟁이로 살 수는 없다

회사에
인생을 바치지 마라

<u>코로나19로 세상이 변하고 있다</u>

IMF의 「2020년 세계경제전망 보고서」에 의하면 전 세계적으로 코로나19 팬데믹 상황으로 세계경제가 과거 대공황 이후 최악의 상황을 맞이할 것이라고 한다. 문제는 이러한 확산세가 언제 끝날지 알 수 없으며 이는 경제 전반의 마비로 이어지고 있다는 것이다. 코로나19 이후 물류와 노동 및 금융시장에는 사회 경제적 변화로 새로운 트렌드가 생겨나고 있다. 배달로 음식을 시켜 먹고 비대면 사업이 점점 커지고 있고 노동 시장은 재택근무가 보편적인 상황으로 바뀌고 있다. 아울러 세계화와 AI가

접속된 자동화된 산업이 화이트칼라 중산층 고용에 대변동을 초래하고 있다.

앞으로는 지금과 같이 많은 인력을 필요로 하지 않을 것이며 코로나19가 사회 경제에 큰 변화를 야기하는 가운데, 이러한 변화는 코로나가 종식된 이후에도 과거로 회귀하지 않고 계속 진화할 것으로 관측되고 있다. 포스트 코로나 시대 기업들에게 닥칠 실제 과제는 재택근무 확대 정도가 아닌 재택근무와 AI를 통해 많은 일자리가 없어질 것이라는 것이다. 그리고 코로나가 불러온 비대면 사회로의 진입과 그로 인한 원격 교육, 온라인 소비, 콘텐츠 미디어 소비의 증가 등의 변화를 예상하고 있다.

기업의 경영 상태도 나빠지고 많은 노동자가 길바닥에 나앉게 될 것으로 많은 사람들이 예측하고 있다. 실제로 많은 소상공인은 오프라인 매장 내 인력을 최소화함으로써 기존 근로 인력 축소로 인해 많은 실업자가 생겨날 것으로 예상하고 있다. 코로나 이후 단순한 위기감 조성이 아니라 실제로 다가올 현실을 냉정하게 직시해야 한다. 실제 다가올 현실을 준비하고 수용할 자세가 필요하다.

이제 어떤 변화가 도래할지 모르는 새로운 비대면 환경에 적응할 적극적인 마인드와 새로운 기술이 필요하다. 변화에 대응하고 수용할 자세가 요구된다. 실제 주위를 둘러보면 너 나 할 것 없이 힘들어 한다. 치솟는 물가에다 교육비, 대출금, 각종 공과금 등으로 얇아진 지갑, 언제 벼랑으로 내몰릴지 모르는 직장, 하루하루가 살얼음판을 걷는 심정이다. 이 시점에서 우리는 가만히 앉아 있을 수만은 없다.

나도 이제 직장생활을 한 지 24년차에 접어들었다. 근속 연수가 올라가면 수많은 업무 경험과 노하우가 생긴다. 하지만 새로운 기술 습득에 대한 어려움 등으로 인해 갈수록 입지는 줄어들고 있다. 나뿐만이 아니라 많은 직장인들도 공감하리라 생각된다. 옥상에 올라가 갑갑한 마음에 삼삼오오 모여서 비슷한 나이 또래의 동료들과 이런 저런 얘기를 나누다 보면 공통적으로 하는 말이 있다.

"회사 그만두면 뭐 할 거야? 노후 준비는 잘 되어 있어?"
"글쎄요. 저도 지금 다니는 회사를 그만둔다는 생각을 해본 적은 없어서요."

이런 얘기를 하다 보면 어느새 우리는 담배가 수북이 쌓인 재떨이에다 피운 담배를 버리고 서로 아무 말 없이 사무실로 다시 들어오곤 한다. 직장인의 삶은 하기 싫어도 해야 하는 일을 하고, 하고 싶은 일을 할 수 있는 시간을 파는 것이라고 할 수 있다. 사회초년생 시절에 나는 월급을 꼬박꼬박 받아서 열심히 저축을 하면 나중에 잘 살게 될 것이라고 막연히 생각했다. 그러나 내 예상과 달리 내 삶은 크게 나아지지 않았으며 모은 돈도 그리 많지 않았다. 매년 조금씩 연봉이 오르긴 했지만 물가 상승률을 감안하면 삶의 질은 크게 좋아지진 않았다.

내 노후를 책임져주는 사람은 아무도 없다. 그리고 내가 하고 싶은 일도 가만히 있으면 할 수 없다. 그때부터 부동산 투자 공부를 하기 시작했다. 부동산 투자는 늦은 나이도, 이른 나이도 없다. 처음에는 관심 있는 것부터 시작하면 된다. 지금 바로 시작하는 것이 중요하다. 설령 결과가 맘에 들지 않으면 어떤가? 분명 지금보다는 조금이라도 더 삶이 나아질 것이고, 무엇보다도 그 과정을 통해서 많은 자신감과 희망의 빛을 보게 될 것이다.

지금 즐거운데, 뭔가 찜찜하다면 잘못된 YOLO를 하는 것이다

인생의 절반쯤 삶을 살아오면서 느끼는 것은 당장의 행복이 참 중요하다는 것이다. 다만, 잘못된 YOLO 추구는 좋지 않다고 생각한다. 미래를 위해 좋은 선택은 아니기 때문이다. 물론 지금 살아가는 매순간 행복이 중요하지만 이 순간만이 중요한 것은 아니다. 내 예를 들면 나는 사실 30대 초반까지만 해도 아무런 희망도 없고 꿈도 없이 살았다. 아무런 목적도 없이 하루하루를 보냈다. 그리고 직장에 들어간 이후로는 거의 매일 저녁에 친구들을 만나거나 퇴근 후 동료들과 술잔을 기울이며 시간을 보냈다. 많은 직장인들이 비슷하겠지만 주중에 쌓인 피로를 풀기 위해서 주말에는 거의 잠만 잤다. 그런 똑같이 반복되는 삶이 무료해지고 지루해졌다.

즐거웠던 술자리도 끝나고 나면 그 다음날은 어김없이 깊은 허무함에 빠지곤 했다. 더 이상은 이렇게 살아서는 안 될 것 같아서 책을 보기 시작했다. 그때 우연히 접한 책이 부동산과 주식에 관한 책이었다. 지금도 기억이 나는데 투자를 통해서 경제적 자유를 획득한 사람들의 책이었다. 당시에는 내가 수중에 가진 돈도 많지 않았고 직장생활 열심히 하면 언젠가 잘 살게 되리라는 막연한 기대감만 가지고 있었다. 결혼을 하고 아이가 생기고 나면 누구나 같은 느낌을 받으리라 생각한다. 침대 안에 잠자고 있는 사람의 발가락 숫자가 늘어난 만큼 어깨에 짊어진 책임감이란 무게가 적지 않다.

그 이후로는 내 수입의 절반은 무조건 저금을 하고 나머지 돈으로 생활을 하였다. 회사에서도 좋은 평가를 받아 빨리 진급을 하면 수입이 늘어나 빨리 돈을 많이 벌 수 있겠지 하고 생각했다. 매일 늦게까지 야근을 하는 날이 많았고 일이 많아 집에 오지 못하고 회사에서 밤을 새운 날도 많았다. 그런 점을 상사들이 좋게 보았는지 연말에는 인사 평가를 잘 받아 남들보다 월급을 조금 더 받게 되었다.

내 또래 동료들보다는 많은 월급을 받으니까 더 빨리 경제적 자유를 이룰 줄 알았는데 현실은 그렇지 않았다. 나는 그 월급 안에서만 경제 활동을 영위하고 있었고 다른 사람들처럼 주식이나 부동산에 투자하지 않았다. 어느 날 직원들하고 같이 회식을 했는데 모 직원이 집을 구입했다는 말을 들었다. 당시에 내 소득의 절반을 꼬박꼬박 저금을 해왔는데도 내 집을 마련하지 못했는데 그 직원은 집을 샀다고 하는 것이다.

나는 궁금해서 그 직원에게 어떻게 집을 사게 되었는지 물어보았다. 그 직원은 몇 년 전에 조금씩 종잣돈이 모이는 대로 주식을 구입해왔는데 그 주식 값이 많이 올라서 그 돈으로 자금을 마련해서 집을 샀다고 했다. 나는 내가 가장 열심히 직장생활 했고 가장 많은 시간을 직장에 투입을 했으므로 당연히 내가 제일 연봉도 높고 제일 빨리 성공할 줄 알았다. 그 당시 꽤 충격을 받았다. 나도 직장을 다니지만 뭔가 새로운 수입원을 만들어야겠다고 결심을 했다.

내가 한 가장 큰 실수는 회사에 헌신을 하다 헌신짝처럼 버려졌다는 것이다. 나처럼 회사에 헌신하면 사람들은 회사가 그 사람이 헌신하는 걸 알아준다고 착각하게 되는데 절대 그렇지 않다. 회사의 목적은 이윤의 창출이다. 결정적인 순간에는 그 이윤으로 사람을 밀어낸다. 회사에 헌신을 한답시고 동료들을 짓밟고, 무시하고, 딛고 일어나는 사람들은 결국 헌신짝처럼 버려진다. 회사에서만 버려지면 그나마 다행인데 헌신을 할수록 회사와 자기를 동일시하게 된다. 그러다 보면 가정에 소홀하게 되고 가족 간의 사이도 멀어지게 된다. 회사에서 앞뒤 안 보고 자기만 잘 살고자 헌신하면 헌신짝 된다. 앞도, 옆도, 뒤도 잘 보면서 같이 가야 한다.

- 02 -

직장인의 빈부 격차는
부동산 지식에서 차이가 난다

4차 산업혁명으로 빈부 격차는 더 커진다

"부란 인생을 충분히 경험할 수 있는 능력이다."

– 헨리 데이비드 소로 –

요즘 취직하기도 힘들다지만, 직장인들의 최고 관심사는 부업이다. 직장 동료들 중에도 평소에 재테크에 관심이 없었던 사람들인데 갑자기 HTS(Home Trading System)를 설치해서 업무 중에도 하루에 몇 번씩 주가를 확인하고, 어떤 종목이 상한가를 쳤다는 등 많은 관심을 보이고 있다. 현대사회는 평생직장이라는 개념이 사라졌다. 워낙 자산시장 가격이 오르다 보니 요즘 직장인들은 급여 외에 재테크로 인한 추가 수익 추구까지 기본이 된 것 같다.

최근에 코로나19로 인해 우리나라도 긴급생활안정자금을 처음으로 온 국민이 받게 되었다. 이는 아마존 CEO 제프 베조스가 처음 주장한 내용이다. 그는 일자리 파괴 현상으로 인해, 모든 시민이 빈곤층으로 전락하지 않도록 충분한 현금을 지급해주는 마이너스 소득세 방안을 주장했다. 이는 보편적 최저 소득 제도로써 우리가 받은 긴급생활안정자금과 같은 내용이다. 이런 주장을 한 사람은 제프 베조스뿐만이 아니다.

빌 게이츠 역시 인간의 노동력을 대체하여 노동자의 일자리를 빼앗아 가는 로봇에게 세금을 도입하여 보편 소득을 보장해주어야 한다고 주장했다. 로봇을 가지고 있는 기업에게 더 많은 세금을 받아야 한다는 내용이다. 결국, 기계와 AI가 인간의 노동력을 대신하게 될 것이다. 기계나 AI보다 생산성이 낮은 대부분의 사람들은 일할 필요 없이 정부에서 보장해주는 소득(배급)에 의존해 살아가게 될 것이라는 주장이다.

이렇게 되면 내 생각에는 기업체를 가지고 있는 기업인들과 경제적 자유를 획득한 일부 소수를 제외한 나머지 사람들은 AI와 로봇이 이룩

한 높은 생산성의 결과로 최저의 보편 소득을 받으면서 살게 될 가능성이 크다. 그리고 현대사회는 능력 위주의 성과로 평가하는 사회인 관계로 일반 직장인과 임원으로 승진한 사람의 임금의 차이는 어마어마하다. 제조업으로 부를 창출하던 1차 산업 혁명 시대에는 공장 노동자와 공장 CEO의 임금 격차는 약 20배였다. 그러나 현재 4차 산업 혁명 시대인 지금 구글, 페이스북과 같은 첨단기업의 CEO와 일반 직원의 임금 격차는 약 2,000배이다.

이로 인해 고임금 엘리트층의 생활 양식은 어느새 중산층과 비교를 할 수 없는 수준으로 치닫게 되었다. 이제까지 사회를 지탱해왔던 중산층의 상대적 박탈감은 심해졌다. 이것이 현재 정치, 사회 불안으로 표출되고 있는 것이다. 이제 중산층은 최저가 생활용품을 구입하거나 가성비가 높은 상품을 소비하게 되고 엘리트층은 명품을 더 선호하고 소비하고 있다. 흥미로운 점은 이런 빈부 격차를 초래한 원인 중 하나가 능력 위주의 사회 분위기라는 것이다.

인간의 생산성을 높이 끌어올려 다른 사람의 생산성을 달성하게 되면 나머지 사람들은 기존의 중산층 또는 엘리트층에서 탈락하게 된다는 모순이 발생한다. 이렇게 서로 어울리지 않을 것 같은 두 가지의 개념, 즉 공산주의와 자본주의로 인한 빈부 격차가 앞으로의 흐름이 될 것이다.

모두다 더 살아보기 위해서 한 노력들이 오히려 양극화를 앞당기고 있는 것이다. 4차 산업 혁명으로 인해 중산층과 빈민층은 더 큰 어려움에 처하게 될 것을 직시해야 한다.

직장인의 가장 큰 고민은 내 집 마련이다

어제 같은 팀에서 일하는 K부장님과 점심식사를 하게 되었다. 식사를 하는 내내 한숨만 푹푹 쉬시더니 그는 이렇게 얘기를 했다.

"저기 혹시 자산 업무 담당하는 J팀장 알아?"

"네. 알죠. 회의 때 몇 번 본 적은 있어요."

"나도 어제 들었는데 J팀장 자산이 50억이 넘는다는데."

"뭐해서 그렇게 많은 돈을 벌었어요?"

"업무가 그 일이라 돈 많은 자산가들하고 대화를 많이 하니깐 가끔 거기서 들은 좋은 정보를 듣고 휴일이면 시간 나는 대로 임장을 다녔대. 조금씩 부동산에 투자를 해서 그렇게 벌었다고 하네. 여태 난 뭘 했는지 몰라."

이 얘기를 듣고 그 당시 나는 일반적인 직장인의 월급으로는 불가능한 금액인데 '아마도 부모님이 물려주신 돈이 있었겠지'라고 생각을 했다. 그러나 주변 사람들한테 물어보니 J팀장이라는 분은 집안이 너무도 가난하게 살았다고 해서 두 번 나를 놀라게 했다. 이렇듯 우리는 똑같은 직장생활을 하면서도 어떤 사람은 커다란 부를 이룬 반면에 어떤 사람은 딸랑 자기 집 하나 마련한 사람들도 있다. 어떤 선택을 하느냐에 따라 결과는 천지차이로 난다.

요즘 젊은 직원들이 가장 많이 고민을 하는 것은 아마도 내 집 마련일 것이다.

2019년 3월, 한 조사에 따르면 지난 4분기 기준 가구별 연 소득은 5,460만 원(월 455만 원)으로 전년 말 5,328만 원(월 444만 원) 대비 약 2.4% 늘어난 것으로 확인됐다. 반면에 집값은 서울 아파트 중위 가격이 지난해 대비 23.4% 증가해 이미 8억 원을 넘어서며 집값의 상승 속도가 소득 수준에 비해 지나치게 빠른 것을 알 수 있다. 이에 가구소득 대비 집값 비율을 나타내는 PIR(Price to Income Ratio)은 지난해 말 중위 소득, 중위 주택 기준 14.3년을 기록했다. 이는 중산층이 서울에서 소득을 한 푼도 쓰지 않고 모아도 주택 구입에 14.3년이 걸린다는 뜻이다. 소득 상승에 비해 집값이 엄청난 속도로 상승하는 탓에 단순히 소득만으로 서울에서 집을 사는 것이 힘들어지고 있는 것이다.

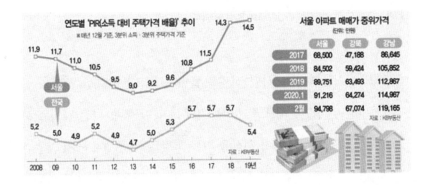

출처 : KB부동산 연도별 PIR 추이

내 집 마련은 전 국민의 목표이기도 하지만, 그 금액이 워낙 커서 어디서부터 어떻게 준비를 하면 좋을지 가늠하기 어렵기도 하다. 몇 억 원이 우스운 집 값 얘기를 듣고 나면, 이번 생에는 틀린 걸까 좌절하게 되기도 한다. 요즘 많은 젊은 사람들이 더 많이 YOLO에 집착하는 현상은 아무리 노력을 해도 집을 마련할 자금을 구하기는 힘이 든다고 생각해서 그런 현상에 더 집착을 하는지도 모르겠다.

같이 근무하는 직원들 중 가정을 꾸리려고 준비하는 직원들을 보면 집을 사야 할지 아니면 월세나 전세로 살아야 할지 망설이는 것을 많이 봤다. 망설인다는 것과 후회가 된다는 것은 내 선택에 대한 책임을 회피하려 하기 때문이다. 둘 중에 어떤 것을 선택한다면 반드시 그에 대한 책임을 져야 한다. 어떤 것을 선택할 때에는 내가 책임을 질 수 있는지를 판단해보고 결정의 기준으로 삼아야 한다.

그러므로 처음에 집을 사던 전세로 들어가든 그것에 대한 책임을 질
수 있는지를 먼저 판단해보고 계획을 세우는 것이 좋다. 나는 전세로 시
작을 하든, 주택을 구입하여 시작을 하든 그것은 큰 문제가 되지 않는다
고 생각한다. 꾸준히 투자를 할 수 있는지가 더 중요하다. 사실 부동산
투자는 실력과 자금과 기회가 합쳐져 수익이 난다. 투자는 기회이다. 내
게 자본이 준비가 되고 장차 이익이 있을 물건이 나왔을 때 놓치지 않아
야 한다. 막상 좋은 기회를 만났음에도 긴 망설임 끝에 허송세월을 보내
게 되면 아무것도 남는 것이 없다.

사람들이 성공하지 못하는 이유는 망설임이다. 자신이 타야 할 기회
의 기차를 타지 못했기 때문이다. '그때 그 아파트 샀더라면 엄청 올랐을
텐데……', '말죽거리 뽕밭 평당 50만 원도 하지 않았을 때 샀어야 하는
데……' 이런 지나간 망설임은 아무리 후회해도 되돌릴 수 없다. 독일의
유명한 철학자 칸트는 계획성 있고 신중하기로 소문난 사람이었다고 한
다. 사랑하는 여자 친구가 있었는데 결혼하자는 말을 하지 않았다. 답답
한 여자 친구가 먼저 결혼하자고 청혼을 했다.

그러자 칸트는 생각해보겠다는 대답을 하고, 결혼에 대해 많은 연구를

하기 시작했다. 연구를 마치고 나서 칸트는 여자 친구 집에 찾아가 그의 아버지에게 딸과 결혼하겠으니 승낙해 달라고 했다. 여자 친구의 아버지는 빙그레 웃으며 "내 딸은 이미 시집가서 애가 셋이네. 인생살이에서 너무 긴 망설임은 세월만 까먹는 헛된 일이네."라고 대답했다고 한다. 그후 칸트는 불필요한 망설임을 최대한으로 줄여 유명한 철학자가 되었다. 당신도 지금 '언제 팔아야 할까?' 또는 '언제 사야 할까?' 망설이면 또 기회를 놓치게 된다. 아직도 당신은 망설이고 있는가?

딴 사람 말
믿지 마라

돌다리도 두드리고 건너라

혹시 당신은 괴짜 경영자로 유명한 리처드 브랜슨을 아는가? 300여 개의 계열사를 거느린 영국 버진 그룹의 회장, 최초의 대서양 열기구 횡단자, 영국 황실 기사 작위 보유자, 개인 자산 46억 달러의 영국 4위 거부. 이것만 들었다면 당신은 그가 재벌 2세이거나 뛰어난 천재일 것이라고 생각할지도 모르겠다. 그러나 우리의 예상과 달리 그는 난독증으로 고등학교를 중퇴한 학습 부진아였다. 불행히 축구 경기 도중 무릎 부상을 당해 더 이상 시합에 뛸 수 없게 되었다. 결국 그는 17살의 나이로 학교를 자퇴했다. 그러나 브랜슨은 좌절하거나 포기하지 않았다. 그는 자신의 난독증에 도전하는 의미로 기성의 규칙과 관습에 저항해온 기질을 살려 학생 잡지 〈스튜던트〉를 창간했다. 그리고 거기서 그는 학생들이 다소 비싸더라도 음반을 사는 일에 주저하지 않는다는 것을 깨닫고 이에 착안해 우편 주문 음반사 버진 레코드를 세우고 〈스튜던트〉에 광고를 냈다. 학생도 아닌 고교 중퇴자가 내놓은 이 잡지는 날개 돋친 듯 팔려 지금 버진 그룹의 토대인 버진 레코드를 알리는 계기가 되었다.

버진 그룹의 로고는 비행기는 물론이고, 철도, 영화관, 음반 매장, 호텔, 스마트폰, 복권, 콜라 캔 등 영국 어딜 가든 쉽게 볼 수 있다. 1999년에는 모범적인 기업가 정신을 빛낸 공으로 영국 여왕으로부터 기사 작위를 받아 현재는 리처드 브랜슨 경이라 불린다. 그는 사회가 규정한 불리한 조건에 주눅 둘지 않고 자신이 원하는 바를 이루기 위해 노력했다. 고정관념을 가지고 있는 다른 사람들이 보내는 말에 개의치 않고 가슴속에 품고 있던 비전을 가꾸어 나갔다. 이렇게 다른 사람의 말에 신경 쓰지 않고 자신의 목표에 최선을 다하며 그 과정을 진심으로 즐겼기에 그는 그런 성공을 맛보게 된 것이다.

우리 속담에 돌다리도 두들겨 보고 건너라는 말이 있다. 아무리 확실한 일이라도 조심하고 또 조심하라는 의미로 부동산 투자에 있어서 기억해야 할 말 중 하나다. 모든 부동산 투자는 다 주의 깊게 검토해야 하지만 그중에서도 특히 경매는 더 꼼꼼히 봐야 할 것이 많다. 부동산 경매의 가장 큰 장점은 현 시세보다 저렴하게 살 수 있는 것이다. 하지만 작은 실수 때문에 큰 손해를 보는 경우가 많다.

그런 이유로 부동산 경매는 처음에는 아파트로 시작하는 것이 좋다. 아파트는 대중적인 인기가 높아 환금성이 좋고 기대 수익률이 낮은 대신 실패할 확률이 적다. 부동산 경매에서의 가장 큰 사고로 여겨지는 것은 세입자의 보증금을 낙찰자가 추가로 부담하는 경우이다. 일반 부동산 매매의 경우에는 이런 사실을 바로 알 수 있지만 경매는 쉽게 발견하기 어렵다. 등기부등본에서 선순위 권리자가 있는지 확인하고, 대항력이 있는 임차인이 있는지 꼭 확인해야 한다.

그리고 아주 간단한 실수로 생각할 수 있지만 입찰 서류에 숫자 '0' 하나 잘못 기입하여 당초 적어내려는 금액의 10배나 높은 금액을 써서 입찰보증금을 날리는 경우도 허다하다. 예를 들면 3억을 30억으로 작성하는 경우가 이에 해당한다. 실제 매년 법원에서 이런 실수로 보증금을 날리는 경우가 계속 나오고 있다고 한다. 또 점유자인 소유자나 임차인을 내보내지 못해 내 집이지만 입주를 못할 수도 있는데 특히 대항력 있는 임차인에 대해 배당을 하지 않은 경우가 이에 해당한다. 집합 건물의 경우라면 건물의 대지권이 있는지 여부도 꼭 확인해야 할 사항이다. 아울러 낙찰 받은 건물이 위법 건축물인지 여부도 확인을 해야 한다. 낙찰을 받고 나중에 확인을 해보니 불법 건축물일 경우에는 거액의 과태료를 물 수도 있기 때문이다.

남의 말을 무조건 믿지 말라는 의미가 아니고 일단은 내가 정확히 알아보고 투자 여부를 결정해야 하는 것이다. 남의 말만 믿고 투자하면 안 된다. 주식 투자든 부동산 투자든 모든 투자의 결정은 본인이 지게 되는 것이다. 정말 신기하게 여겼던 일 중 하나는 우리는 마트에 가서 우유 하나를 사더라도 이것저것 비교를 하고 산다. 그러나 희한하게도 집을 거래하는데 일일이 확인을 하지 않고 지인의 말이나 혹은 중개사의 말만 믿었다가 낭패를 보는 일이 종종 있다. 이런 일이 없도록 꼼꼼히 확인하도록 하자.

다른 사람은 너의 성공을 원하지 않는다

회사에 있을 때 L팀장이라는 분이 술자리에서 꼭 하는 얘기가 있었다.

"내가 말이야, 나름 우리 회사에서 똑똑하고 일을 잘했는데 정작 집을 사고파는 것은 남의 말을 듣고 인생을 망쳤어. 이제는 집을 살 수가 없어."

사연을 들어보면 L팀장의 경우는 분당에 신도시 아파트 분양을 할 때 분양을 받아 분당에 살기 시작했다. 그러나 부동산이 침체기에 들어서자 L팀장이 계속 집값이 떨어지는 것을 우려하여 주위 부동산에 들러서 상담을 받았다고 한다. 그런데 그 중개사가 더 떨어질 수 있으니 지금 더 떨어지기 전에 팔고 나중에 오르기 전에 다시 매입을 하면 된다고 했다고 한다.

그러나 부동산 상승기에는 집을 사기가 더 어렵다. 사려고 하면 집값이 더 오를 것이라는 집주인들의 기대 심리가 있어 오히려 집을 사기가 어렵다. 결국 이 L팀장은 집을 구하지 못하고 전세로 살았다. 잘못된 판단을 내리기 전에는 집을 가질 수 있는 돈이 있었지만 잘못된 판단을 한 후에는 전세를 구할 수 있는 돈밖에 되지 않았다. 이렇듯 자신에게 온 좋은 기회도 남의 말을 듣고 놓쳐버린 사람들도 많다.

딴 사람 말 믿지 마라! 이 말의 숨은 의미는 정말 독하게 살아야 성공한다는 뜻과 같다고 생각한다. 내 인생에서 가장 큰 도약의 시기는 경제적 자유를 누리기 위해 경매를 공부하기 시작한 시절이었다. 악착같이 돈을 모아서 투자를 했다. 그 시기에 혹독하게 돈을 모으고, 정말 철저하고 열심히 공부했기에 지금의 내가 있는 것이라 생각한다. 나는 나와 같은 투자자의 길을 가고자 하는 사람들에게 이렇게 말하곤 한다.

"궁하면 통한다. 인생에서 정말 독하게 맘먹고 하면 성공하지 못할 일이 없다."

내가 말하는 독하게 마음먹고 사는 시기는 최대한 절약을 해서 종잣돈을 모으고, 투자 공부를 하는 시기이다. 투자는 돈만 있어서 성공할 수 있는 것이 아니다. 투자자 마인드를 갖기 위해서는 끊임없이 자기계발을 해야 하고 노력하고 공부하고 분석해서 새로운 투자 방안을 마련해야 한다. 기회는 철저히 준비된 자에게만 온다. 꿈과 확실한 목표를 가지고 포기하지 않는 노력을 계속하면 어느 순간에 성공은 내 옆에 있을 것이다. 살면서 5년 정도 독하게 노력하고 투자 활동을 해서 남은 인생을 풍요롭게 보낼 수 있다면 해 볼 만한 게임이라고 생각한다.

- 04 -

부자가 되려면
부자가 하는 대로 해라

쓰리잡을 해도 돈은 모이지 않는다

"부자에겐 특별한 유전자가 있는 것일까?"

"부자가 될 사람이 미리 운명 지어진 것일까?"

부자를 꿈꾸는 사람이라면 한 번쯤 생각해봤음직한 질문들이다. 나도 부자가 되고 싶은 마음이 많아 살면서 여러 가지 일을 해보았으나 생각보다 돈을 모으기란 쉽지 않았으며 뜻대로 빨리 부자가 되지 않았다. 20대에서 30대 초반까지는 몸이 피곤하더라도 더 많은 알바, 투잡 등을 해서 추가적인 수입을 만들려고 많은 일을 했으나 부자가 되는 것은 결코 쉽지 않았다. 조금이라도 더 많은 돈을 벌어보기 위해서 알바 자리를 알아보았다.

알바천국, 알바몬, 벼룩시장 등 이런 구인 정보를 제공하는 사이트와 신문을 매일 보았다. 직장에 다니고 있어서 할 수 있는 일이 한정되었다. 주말에 하는 아르바이트나 저녁이나 밤에 하는 아르바이트 자리가 대부분이었고 사실 저녁에 하는 아르바이트는 회사에서 일이 생기면 결근이 잦아 아르바이트를 유지하기가 상당히 힘이 든다. 제일 좋은 시간대가 새벽 시간이었다.

새벽시간에 할 수 있는 일은 신문 배달, 우유 배달, 녹즙 배달 등 배달하는 일이 많았다. 처음에 녹즙 배달을 시작했다. 새벽 3시에 일어나 준비하고 나가서 아침 6시 정도까지 일을 했다. 엄청 많이 피곤했다. 피곤하다고 그만둘 수는 없어서 꾸준히 했다. 육체적으로 힘든 것은 많이 없었으나 매일 새벽에 일어나야 하는 근면성을 필요로 하는 일이라 처음에는 적응하는 데 많은 어려움이 있었다. 몇 달 정도 해보니까 어느 정도 그 생활에 익숙해져서 그럭저럭 지낼 만했다.

또 욕심이 생기기 시작했다. 저녁이나 밤에 할 수 있는 아르바이트를 구하기 시작했다. 뜻이 있으면 길이 생기는 법. 유흥업소에서 가끔 밴드를 부르는 경우가 있는데 그분들이 일하러 갈 때 스피커를 날라주는 아르바이트 자리가 생겼다. 그 일도 같이 하게 되었다. 새벽에는 녹즙 배달, 낮에는 직장생활, 밤에는 밴드 알바를 하는 생활을 하기 시작했다. 나는 체력에 자신이 있어서 버텨낼 수 있었다. 사람의 욕심은 끝이 없는 것 같다. 이 세 가지 일은 모두 주중에만 하는 일이었다. 주말에도 할 수 있는 일이 없을까 찾아보다가 피자 배달을 하는 아르바이트를 주말에만 했다. 이런 생활을 계속하다 보니 수입이 약간 늘어나긴 몸이 물에 젖은 솜처럼 엄청 무겁고 피곤했다. 회사에서 점심시간에는 잠만 잤다. 하루에 잠을 자는 시간이 3시간 정도밖에 안 됐다. 욕심이 과하면 항상 탈이 나듯이 내 몸에도 이상이 왔다. 지하철을 타고 출근을 하는데 갑자기 지하철 안에서 쓰러진 것이다. 나는 정신을 잃었고 나중에 정신을 차려보니 지하철 안에서 근무하는 공익 요원 2명이 나를 지하철 안에서 데리고 나와 승강장 의자에 눕혀 놓고 119에 전화를 해놓은 상태였다.

그 일이 있은 후 나는 돈을 벌려다가 오히려 병원비하고 약값이 더 들고 내 몸만 축나는 것 같아서 하던 아르바이트 자리를 하나씩 그만두었다. 그 일을 통해서 얻은 것은 있다. 지나친 욕심은 화를 불러온다는 것과 건강이 그 어떤 것보다 값진 것이라는 것을 알게 되었다. 시간을 많이 투입하고 내 모든 육체적 에너지를 쏟았지만 내 삶은 크게 나아지지 않았다. 예전에 대리운전을 하던 때 우리나라 유명한 IT회사의 모사장님을 태우고 집에 모셔다 준 일이 있었다. 술 취하셔서 심심하셨던지 사장님을 자택에 모셔다 드리면서 이런 저런 얘기를 했는데 나는 더 잘살고 싶어서 직장이 있기는 한데 밤에 투잡으로 이 일을 한다고 말했다. 그랬더니 그 사장님은 "물론 더 많은 노동력을 투여하는 것도 좋지만 책도 더 보고, 하고 싶은 일에 대해서 끊임없이 공부를 하는 것이 더 중요하다"고 했다.

그 날 이후로 나는 자기 계발서를 닥치는 대로 읽어나갔다. 부동산, 주식, 의식 개혁, 성공학 등 시간이 나는 대로 책을 읽었다. 처음에는 '이건 자기가 성공했으니깐 하는 말이지', '다 그렇게 해서 성공했으면 성공하지 못한 사람은 하나도 없겠다' 이런 부정적인 시각으로 책을 보았으나 점점 더 많은 책을 보면서 그들이 하는 말이 맞단 생각이 들었다.

백만장자 마인드는 따로 있다

부자가 되는 방법에 대해 책으로 써서 출간한 인물이 있으니 바로 1970년대 중반 미국 최고의 갑부였던 석유재벌 폴 게티(J. Paul Getty, 1892~1976)다. 게티는 부자가 되는 방법에 대해 "당신이 부자가 되기를 원한다면 돈을 많이 버는 사람을 찾아서 그 사람이 하는 대로 따라서 하라"고 말했다. 즉, 부자의 사고방식과 습관을 따라 하면 부자가 된다는 것이다. 부자의 사고방식이란 어떤 것을 말하는 것일까? 게티는 이를 '백만장자 마인드'라고 했다.

백만장자 마인드란 일과 목표를 달성하기 위한 기술과 지적 능력의 총합을 의미한다. 부자와 그렇지 않은 사람을 구분하는 가장 큰 차이점은 바로 게티가 말하는 일을 대하는 태도이다. 세계적 갑부들은 예외 없이 일 중독자에 가깝다. 아니 정확히 말해 자신이 하는 일을 즐기므로 다른 사람보다 더 많은 시간과 열정을 그 일에 바치는 것이다. 세계에서 두 번째로 돈이 많은 부자이자 주식의 달인 워런 버핏을 두고 그가 회장으로 있는 버크셔 해서웨이의 석유 담당 랄프 릭비는 이렇게 이야기한 바 있다.

"그는 돈을 버는 취미를 가지고 있을 뿐이다. 그것은 그에게 휴식이다."

가난한 스코틀랜드 이민자 출신으로 전보 배달원에서 시작해서 미국의 강철 왕으로 군림했던 앤드류 카네기도 성공적인 삶을 영위하기 위해서는 일하는 태도가 중요하다고 강조했다.

"회사를 위해 내가 무엇을 해야만 하는가 대신 내가 무엇을 할 수 있는 가를 생각해야 한다. 충실하고 맡은 바 일을 하는 것은 아주 바람직하다. 하지만 그것만으로는 부족하다. 그 이상의 뭔가가 필요하다. 이런 부류의 점원, 경리 사원, 회계원은 끝까지 그 상태로 남아 있기 쉽다. 성공하는 사람은 해당 부서의 범위를 넘어선 예외적인 어떤 일을 해야만 한다. 즉 관심을 끌어야만 하는 것이다."

백만장자의 또 다른 특징은 바로 '배우려는 태도'다. 부자의 대부분은 보통 사람보다 독서량이 많다. 세계 1위와 2위의 부자인 빌 게이츠와 워런 버핏이 전형적인 예이다. 빌 게이츠의 어릴 적 별명은 책벌레였고, 생각 주간(Think Week)으로 불리는 휴가기간 내내 직원들이 만든 보고서를 읽는다. 미 북서부의 한적한 호숫가에 있는 소박한 산장에서 휴가를 보내는 동안 회사 임원은 물론 가족도 만나지 않은 채 하루 18시간씩 마이크로소프트 직원들이 보낸 수많은 보고서를 읽는 데에만 몰두한다.

버핏도 하루의 3분의 1을 책과 각종 투자 관련 자료와 잡지, 신문을 읽는데 시간을 보낸다고 한다. 미국 월가에서 가장 존경받는 펀드매니저였던 존 템플턴 경은 아예 자기 자신을 '살아 있는 도서관'으로 만들라고 충고하기도 한다. 그는 공항에서 비행기를 기다리거나 전철을 기다릴 때 업무 관련 서적을 보거나 아니면 책을 읽으라고 말한다.

홍콩에서는 '홍콩 사람이 1달러를 쓰면 그 중 5센트는 리카싱의 주머니로 들어간다.'는 말이 있다. 이 말의 주인공인 리카싱은 아시아 최고의 갑부이자 지독한 독서광이다. 그가 이토록 큰 성공을 거둔 비결은 무엇일까? 여러 가지가 있지만 그 중 가장 큰 이유는 독서다. 리카싱은 중학교 중퇴 학력이지만 유창한 영어를 구사한다. 그 이유는 길거리를 걸으면서도 영어 공부를 할 정도로 영어에 매달린 결과다. 홍콩 최대의 재벌이 된 이후에도 그는 매일 잠자리에 들기 전에 30분 가량 책을 읽는다고 한다.

이처럼 부자가 된 사람들의 공통적인 특징은 독서를 많이 한다는 것이다. 부자가 되기 위한 첫 걸음은 바로 독서이다. 누구나 다 알고 있는 내용이다. 진리란 대부분 진부하다. 부자가 되는 방법도 그렇다. 열심히 일하고 공부하고 저축하는 것, 부자가 되기 위해서는 이런 기본적인 원칙을 지켜야 가능한 것이다. 아는 것과 실천하는 것과는 천지차이이다. 누구나 아는 말을 한다고 할 수 있다. 그것을 알고만 있는 것과 아는 것을 실천하는 것의 차이는 어마어마하다.

우리는 누구나 부자가 되고 싶어 한다. 그러나 주변에서는 돈을 쫓아가지 말고 돈이 나를 따라오게 하라는 말을 한다. 잡으려 할수록 달아나는 돈. 그러나 돈을 버는 방법은 쉬울 수 있다. 요행을 바라지 않고 분수에 맞게 가족과 이웃을 챙기며 성실하게 내가 좋아하는 일에 대해서 공부를 하고 행동하면 되는 것이다. 세상이 아무리 빨리 바뀌고 직업의 종류가 바뀌었어도 그 수단만 바뀌었을 뿐 원칙은 변함이 없다. 부자가 되려면 로또를 사서 일확천금을 바랄 것이 아니라 부자들이 하는 것을 공부하고 분석하고 따라 해야 한다.

주위를 둘러보면 성공한 사람들이 있을 것이다. 그들과 기꺼이 점심을 하면서 어떻게 부를 이루게 되었는지 물어보라. 그리고 그들이 부자가 되기 위해 한 노력들을 그대로 따라 해보라. 이것이 부자가 되는 길이다. 그들과 얘기를 하다 보면 부자가 되는 데는 어떤 규칙이나 비법이나 규칙이 있을 것이라 들었던 생각들이 눈 녹듯이 사라질 것이다. 지금 당장 주위에 있는 성공한 부자들과 교류를 하고 그들이 하는 대로 따라 하라.

05

부동산 지금 모르면 평생
남의 집에서 살지도 모른다

처음 집을 구하려고 했을 때 나의 제일 큰 관심은 가격이었다

"왜 부동산 가격이 어떤 데는 오르고 어떤 데는 내리는 걸까?", "어떻게 하면 오르는 부동산을 구할 수 있을까?", "이 동네는 왜 다른 동네보다 집값이 비쌀까?", "언제 집을 사야 될까?"

그것만 알면 쉽게 부동산으로 쉽게 투자를 할 수 있을 것이라 생각했다. 그러나 처음에는 무엇부터 시작해야 하는지 막막했다. 가격이 어떻게 결정되는지 몰라 처음에는 무작정 발품을 팔아 내가 살고 싶은 동네 중개사 사무소에 들러서 물어보기 시작했다. 여러 번의 상담을 통해서 얻은 결론은 가격이 결정되는 것은 우리가 학창시절에 배웠던 수요와 공급의 법칙이라는 간단한 원리에서부터 시작한다는 것을 깨닫게 되었다.

'모든 상품의 가격은 수요와 공급의 변화에 따라 가격이 결정된다.'는 이론은 모두 알고 있는 내용인데, 이는 부동산 가격 결정에도 동일하게 적용된다. 수요와 공급이 일치하는 시장균형의 상태에서 가격과 거래량이 결정된다고 보는 명제인데 아파트를 예를 들어 시장에서 다른 여건이 일정하다고 가정을 하면 수요의 관점에서 보면 아파트를 구하려는 사람이 늘어나면 가격이 올라가고, 아파트를 구하려는 사람이 줄어들면 가격이 감소한다.

공급의 관점에서 보면 새로 지은 아파트가 늘어나면 가격이 감소하고 아파트의 수가 줄어들면 가격이 증가한다. 이를 가격의 관점에서 다시 정리하면, 가격 상승의 원인은 아파트를 사려는 사람이 늘어나거나 아파트의 수가 줄어들 경우에 가격이 상승하는 것이다. 가격 하락의 원인은 아파트를 사려는 사람이 줄어들거나 새로 지은 아파트의 수가 늘어날 경우에 가격이 하락하는 것이다.

수요선과 공급선의 접점이 시장 균형 가격이다. 아파트를 사려는 사람이 늘어났을 경우에는 균형 가격 유지를 위해서 공급을 늘려야 한다. 그렇지 않으면 아파트 가격은 상승한다. 반대로 아파트를 사려는 사람이 줄어들었을 때 균형가격 유지를 위해서는 아파트의 공급을 줄여야 한다. 그렇지 않으면 아파트 가격은 감소한다. 이런 수요와 공급의 법칙이 부동산 시장에서도 적용이 되는 것이다.

그러나 다른 상품과 달리 부동산의 수요를 판단할 때는 꼭 감안해야 하는 것이 있다. 부동산은 주거 목적을 위한 '실수요'와 부동자 투자 수익을 얻기 위해 '투자 수요'가 있다. 실수요자는 통계청 자료를 활용을 하면 가능하나 투자 수요는 얼마정도 유입될 것인지는 정확히 파악하기 어렵다. 그러나 한 가지 확실한 것은 투자 수요가 유입되면 실수요 증가로 예상되는 가격 상승보다 더 높은 가격 상승이 예상된다는 것이다. 그러므로 실수요 이외에도 투자 수요가 증가하면 더 큰 수익이 발생할 수 있다는 사실을 이해하고, 투자 수요에 대한 움직임도 예의주시해야 한다.

수요와 공급의 법칙에서 알 수 있는 부동산 가격 결정의 기본 공식을 이해하고 부동산 시장이 가진 투자 수요에 대한 특성을 감안하면 부동산 가격이 오르는 곳은 아주 단순하다. 첫 번째, 실수요가 많은 곳, 두 번째, 신축 아파트 공급이 감소하는 곳, 세 번째, 투자 수요가 유입되는 곳이다.

직장에서 신입사원들이 결혼할 즈음 집을 많이 구하는데 나한테 가끔 집을 언제 사는 것이 좋은지 조언을 구할 때가 있다. 그러면 나는 바로 지금이라고 한다. 왜냐하면 주거의 안정은 다른 무엇보다도 중요하다. 원시시대를 생각하면 된다. 맘 놓고 휴식을 취할 곳이 없다고 생각을 해 봐라. 아마 끔찍한 상상이 들 것이다. 물론 지금은 원시시대와는 차원이 다르지만 주거의 안정이 보장되지 않으면 다른 모든 일은 맘 놓고 할 수 없게 된다. 그런 면에서 볼 때는 부모의 품을 벗어나서 독립을 하게 되면 집을 사야 하는 시기는 지금이라고 생각한다.

부동산 투자, 역사를 알면 미래를 예측할 수 있다

"이제 결혼을 해야 하는데 지금 집을 살 시기인가요?"

"집값이 계속 떨어지고 있는데 더 기다렸다가 사는 게 낫지 않을까요?"

"앞으로 인구가 급격히 줄어들어 일본처럼 집값이 폭락할 것이라고 하는데 사는 게 맞나요?"

이런 질문들을 많이 하는데 집값에 영향을 주는 요인은 수요와 공급, 투자 수요, 금리 정도이다. 그럼에도 부동산에는 이 외에도 중요한 요인이 있는데 그 주변의 개발 계획이다. 이런 호재가 생기거나 소문이 나면 그 지역의 집과 땅값은 크게 오른다. 수요와 공급, 호재와 함께 고려할 요인이 금리이다. 금리는 돈의 가격을 말한다. 돈값이 떨어지면 실물인 부동산 가격이 오른다. 금리와 부동산 가격은 반대로 움직인다. 돈의 가치가 떨어지면(저금리) 부동산 가격이 오른다. 반대로 돈의 가치가 높아지고(고금리) 금융권에서 대출을 잘 해주지 않으면 집을 사기가 어렵다. 그 결과로 아파트를 사려는 사람이 줄고 자연스럽게 부동산 가격은 떨어진다.

금리가 높거나 대출 규제로 돈줄이 막히고 여기에 불황까지 겹치면 집값은 폭락 수준으로 떨어지기도 한다. 집값 하락은 경제에 막대한 부담을 준다. 주택으로 대표되는 부동산 자산의 가격 하락 현상이 발생하면 무주택자 입장에서는 집을 구하기 쉬워 좋겠지만 집을 소유한 사람들은 자신이 가진 자산이 하락하므로 빈곤과 불안감에 빠지게 된다. 허리띠를 졸라 매야 한다는 인식이 사회 전반으로 확산이 되면서 소비가 줄고 경기는 매우 나빠진다. 기업 실적이 악화되어 실업자가 늘어나고 사회는 불안해지는 악순환의 고리를 형성하게 된다.

우리는 이런 일을 실제로 겪은 적이 있다. 1997년 외환 위기나 2007년 금융 위기 때 집값이 거의 반 토막 나면서 사람들은 지갑을 닫았고 상품은 팔리지 않아 많은 기업들이 문을 닫았다. 사회 전체가 구조 조정의 소용돌이 속에서 직장을 잃고 그 해에 자살률이 엄청나게 높게 올라갔다. 외국 기업에 빌딩과 토지가 헐값에 매각이 되었고 정부에서는 과감한 경기 부양책을 쓰고 경제 활성화를 위해서 돈을 풀었는데 이로 인해 2000년대 초와 2008년 집값 급등이라는 부작용을 낳게 되었다. 이를 정부에서도 모르는 것은 아니나 경제 불황을 타개하기 위해 불황이 올 때면 어김없이 이런 부동산 부양 정책을 쓰고 있다.

이런 경제 순환과 과거의 역사를 통해서 언제 집을 사고팔아야 하는 게 유리한지 힌트를 준다. 그러므로 집을 사는 시점을 파악하려면 우선 수요자와 투자자의 움직임에 민감해야 한다. 하지만 수요자와 투자자의 움직임이 겉으로 드러나 뉴스에 나올 정도면 이미 투자 타이밍을 놓친 것이다. 움직이지 않는 듯 보이지만 속에서는 활발하게 정보를 파악하는 단계를 미리 알아낼 필요가 있다. 이들의 움직임을 파악하려면 투자 동호회에 가입하거나 인터넷 카페에 가입하여 많은 정보를 습득하고 여러 중개사 사무소를 방문해 정보를 얻는 것도 하나의 방법이다.

수요와 공급 다음으로 가격을 주의 깊게 볼 필요가 있다. 부동산도 주식과 마찬가지로 심리적 저지선이라는 것이 있다. 그 선은 최고 가격의 80% 선일 수도 있고 70% 선일 수도 있다. 경기가 매우 나빠진 경우에는

50% 선까지 떨어지기도 한다. 심리적 저지선까지 떨어져 많은 사람들이 '이 정도면 집을 사는 게 좋지 않나?'라고 생각하는 초기 단계가 바로 제일 좋은 매수 타이밍이라고 보면 된다. 이는 지역별로 차이는 있다. 가격이 높은 서울 강남권의 경우에는 하락폭이 크고 실수요가 많은 곳은 최고가 대비 하락폭이 크지 않은 경향이 있다. 강남권의 하락폭이 크다는 것은 결국 투자 수요가 많다는 것을 반증하는 것이기도 하다.

그리고 주식 시장의 움직임도 중요한데 증시는 부동산 시장의 선행 지표라고 봐야 한다. 증시가 좋아지고 난 뒤 보통 6개월에서 1년 정도 후에 부동산 시장이 활기를 띄게 된다. 물론 이것은 딱 맞아떨어지지는 않지만 과거의 많은 사례를 보면 그런 패턴을 보여 왔다. 그러므로 증시가 상승하기 시작하면 집을 사야 하는 시기를 조율해 볼 필요가 있다. 실제로 주식으로 많은 돈을 번 사람들이 그 돈으로 집을 사려는 경우가 많기 때문이다.

마지막으로 고려해야 할 사항이 정부의 움직임과 세계 경제의 흐름에도 관심을 가져야 한다. 과거 이명박 정부가 집값 안정을 위해 많은 각종 규제들을 대부분 풀었다. 그러자 부동산 시장이 불안정해지자 다시 대출 규제를 강화했다. 규제를 풀기 전에 집을 샀다가 부동산 경기가 활성화됐을 때 집을 판 사람은 시세 차익을 얻었을 것이다. 국제 경제의 흐름에도 신경을 써야 한다. 우리나라의 경우는 내수 시장보다 수출로 부를 창출하는 나라인 관계로 국제 경제의 흐름에도 신경을 써야 한다. 세계 경제의 흐름이 바로 국내 경기에도 영향을 주기 때문이다. 세계 경제가 좋으면 집값이 오를 가능성이 있고 침체되면 집값도 떨어질 확률이 높다. 그러므로 세계 경제도 우리가 집을 사고 팔 때 고려해야 한다.

06

집이 이렇게 많은데
왜 내 집은 없을까

서울에는 우리 집이 없다

날이 따뜻한 점심시간이었다. 회사 직원들이 점심시간에 가까운 산에 올라 산책이나 하자고 해서 우면산에 올라갔다. 하늘이 청명해서 남산타워까지 보였다. 기분 좋게 서울 내려다보고 있으니 머리가 맑아지는 느낌이었다. 옆에 있는 직원이 땅이 꺼질 듯이 한숨을 내쉬면서 한 마디 했다.

"서울에 이렇게 집이 많은데 왜 내 집은 없을까?"

정말 우면산에서 도심을 내려다보고 있으니 정말 많은 집들이 있었다. 직장인이다 보니 한정된 급여로 생활을 하다 보니 어쩔 수 없는 부분도 있지만 그렇다고 한숨만 쉬고 있을 수는 없다. 대부분 많은 사람들이 지레 짐짓 서울의 높은 집값을 보고 포기하는 경우가 많다. 그러나 사실은 시도도 하지 않은 사람들이 많은 것이지 결코 불가능한 것은 아니다.

많은 사람들이 가장 큰 걱정을 하는 것이 주택 마련에 대한 고민이다. 주택 마련은 집을 소유했다는 것에 대한 심리적 안정을 주기도 하지만 인생에서 그만큼 큰 비용이 들어가는 큰 숙제이기도 하다. 큰 비용이 들어가는 만큼 집을 구하는 데 있어서도 신중함이 필요하다. 주택을 마련할 때 대부분의 사람들이 대출을 이용한다. 대출을 이용하는 것에는 여러 가지 이유가 있지만 크게 두 가지이다.

첫 번째, 빠른 주택 마련

한 방송사는 강남의 아파트 한 채를 구매하는 데 걸리는 시간이 소득 상위 20%의 경우 15년, 하위 20%의 경우 109년이라고 보도했다.(출처: 2019.03.26. SBS 8시 뉴스) 약 7배 차이가 난다. 소득을 한 푼도 지출하지 않고 모으기만 했을 때 가능하다고 하니 109년은 잘 체감이 되지 않는다. 그래서 이런 수치가 '이번 생에는 집을 구하기가 힘들다'는 말을 나오게 했는지도 모른다.

그렇다고 해서 포기하면 절대 안 된다. 내 집 마련이라는 꿈을 향해 방법을 찾아보아야 한다. 내 집 마련을 위해서는 목돈이 필요하다. 천릿길도 한걸음이라는 말이 있다. 목돈을 만들기 위해서는 통장을 목적별로 나누어 적은 돈부터 관리하는 것이 효율적이다. 월급 통장에는 공과금과 같이 매달 지출되는 고정비만 남겨두고, 잔액을 생활비 통장, 비상금 통장, 재테크 통장으로 나누어 이체를 하여 관리를 하는 것이 바람직하다.

통장에 이름을 붙여두는 방법을 활용하면 용도 파악이 쉬워 관리가 편하고 손쉬운 방법으로 목돈을 만들 수가 있다. 목돈을 마련하는 것을 시작으로 종잣돈 마련이 되면 대출을 이용하여 빠른 주택 마련이 가능하다. 집을 사기 위해 많은 시간과 노력이 필요하다. 결국 집을 조금이라도 빨리 구매하고 생활의 안정과 정착을 위해 대출을 이용하는 것이다.

두 번째, 레버리지 효과

레버리지 효과란? 말 그대로 지렛대의 효과를 말한다. 대출 이자보다 집값 상승률이 더 높을 것이라는 기대 때문에 대출을 이용하는 것이다.

이제 집을 구매할 때 대출은 선택이 아닌 필수 사항이 되고 있다. 그렇다면 대출을 이용해서 집을 구매할 때 어느 정도의 자금을 빌려야 적당할 것인가? 주택 마련에서 가장 먼저 파악해야 할 것은 내 재정 규모를 파악하는 것이다. 아무리 좋은 집이 있다고 해도 내 자금 상황이 되지 않으면 그림의 떡이나 다름없다. 최근 주택 담보 대출에 대한 신 DTI 규정이 나와 이전보다 담보 대출을 받을 수 있는 한도가 줄어들긴 했지만, 아직도 무리한 대출을 해서 집을 구매하는 경우를 볼 수 있다. 그럴 경우 과도한 지출로 인해 내가 집을 산 것인지, 은행에 월세를 내고 사는 것인지 구별하기 힘든 상황이 발생한다.

일반적으로 가계 부채의 건전성 지표에는 주택 관련 부채를 전체 자산의 40% 이하로 할 것을 권고하고 있다. 만약 현재 구입하려는 주택이 5억 원 정도의 집을 구매하려고 하면, 2억 원 정도의 대출을 이용하고 자신이 모은 주택 마련 자금 3억 원을 합쳐 집을 구매하는 것이 적정하다고 보는 것이다. 물론 부채 건전성 지표의 권고 사항이지 절대적인 사항은 아니다.

5억 원 주택 마련 시 대출 40% 이용할 경우

- 자기 자본 : 3억 원

- 대출 금액 : 2억 원

- 대출 금리 : 3%

- 상환 기간 : 20년

- 매월 원리금 상환 금액 : 1,152,882원

2억 원 대출을 받을 경우 20년간 상환해야 하는 돈은 매월 115만 원 정도 된다. 115만 원이라는 돈은 사람마다, 현재 소득이나 현금 흐름 등 여러 가지 본인이 처한 상황에 따라 다르게 체감할 수 있겠지만 결코 적은 금액은 아니다. 대출 실행 전 상환에 대한 계획을 검토한 이후에 대출을 실행하는 것이 매우 중요하다.

이렇게 주택 자금의 규모가 결정이 되면, 살고 싶은 지역을 결정을 하고, 집의 크기를 결정하는 방식으로 절차를 밟아가는 것이 안정적인 주택 마련을 위한 첫 걸음이다. 경우에 따라서 내가 살고 싶은 지역이 있지만, 그 지역의 집값이 너무 비싸 포기하는 경우가 종종 있다. 그럴 경우, 집의 사이즈를 조금 줄인다든지, 해당 지역의 인근 지역으로 알아본다거나 하는 방식으로 조율하면 건전한 재정 상황과 주택 구입이라는 일거양득을 얻게 될 것이다.

부동산 시세 정보, 내가 알고 있는 시세는 정확한 게 아니다

주택을 구입할 자본을 마련한 다음에 할 일은 살고 있는 곳의 정확한 시세를 알아야 한다. 현재 시세를 정확하게 알지 못하고 집을 구하다간 시세보다 높은 값을 지불하는 불상사가 발생할 수도 있기 때문이다. 뿐만 아니라 시세를 알아보는 과정에서 해당 주택의 최근 시세도 알 수 있고 상승 중인지 하락 중인지도 파악이 가능하다. 이로 인해 주택의 미래 가치도 예상이 가능하다는 점에서 주택 구입할 때 시세 확인은 필수이다.

현재 자금 상황에 맞는 집을 알아보기 위한 가장 쉽고 빠른 방법은 온라인 부동산 정보 업체 혹은 포털 사이트 부동산 시세 정보를 확인해 보는 것이다. 대표적인 온라인 부동산 정보업체로 닥터아파트(https://www.dr.apt.com)와 부동산114(https://www.r114.com)를 많이 활용한다. 아울러 요즘은 많은 은행에서 대출 금액 산출의 기본이 되는 국민은행에서 제공하는 'KB 시세'를 활용하기도 한다. 'KB 시세'는 국민은행과 협약을 체결한 공인중개사무소에서 제공하는 시세 정보가 적용되는데, 반영되기까지 일정 시차가 존재하다 보니 실제 거래되는 시세와는 약간의 차이가 있다. 따라서 정확한 시세를 확인하기 위해서는 위의 포털 사이트와 비교를 먼저 해야 한다. 그러나 위에서 말했듯이 시세 반영에는 약간의 시간차가 존재하므로 정확한 시세 파악을 어떻게 하는지 설명하려고 한다.

1. 포털 사이트에서 가격 확인하기

내가 알아보려고 하는 지역의 부동산 시세는 포털 사이트나 부동산 정보 업체에서 제공하는 매물 가격을 통하여 확인이 가능하다. 최근에는 'NAVER 부동산'(https://land.naver.com)이 양적으로나 질적인 측면에서 많은 강세를 보이므로 이 사이트를 많이 사용한다. 네이버 부동산에서 '확인 매물 일자순'으로 정렬을 하여 최근 물건의 가격을 확인하고 최고가와 최저가를 확인하여 시세 형성이 어떻게 되어 있는지 확인하다.

2. KB 시세 조회하기

KB 부동산(https://nland.kbstar.com)에 접속하여 시세를 클릭한다. 그리고 검색해보고자 하는 주택을 조회한다. KB 시세가 실제 네이버 매물과 비교를 해보면 금액이 차이가 나는 것을 확인할 수 있는데 앞에서 말한 바와 같이 KB 시세는 일정한 시차를 두고 반영되므로 실제 매물 가격보다 낮거나 높게 나타날 수 있다. KB 시세를 확인하는 가장 큰 이유는 아파트 또는 오피스텔을 사거나 전세 입주를 위해 대출을 받아야 할 경우에 이 KB 시세를 기준으로 대출 가능 금액(KB 일반 평균가의 70%이내)이 결정되기 때문이다.

또한 KB 시세에서 KB부동산 '과거 시세 조회'를 클릭하면 과거 시세표가 나타난다. 과거 시세 그래프를 봐야 하는 이유는 부동산 시장의 분위기가 상승세인지 하락세인지 파악하여 매물의 적정 가격을 산출하고 투자 시기를 결정하는 데 도움이 되기 때문이다. 가격 추이를 파악 후에는 만약 상승세에 있으면 조금 더 높은 가격이라도 물건을 잡을 수 있는 결단력이 필요하며, 반대로 하락세에 있으면 더 협상을 해서 가격을 낮출 수 있는 협상력도 필요하다.

3. 실거래가 조회하기

요즘은 많은 부동산 포탈이나 KB 부동산에서도 국토 교통부의 '실거래가 공개 시스템'과 연계되어 있어 최근 실거래가 내역을 확인할 수 있다. 실거래가와 현재 매물 가격과의 차이가 많이 날 경우에는 어떤 이유에서 그런 것인지 꼭 중개사 사무소에 확인을 해보는 것이 좋다. 절세를 목적으로 가족 간 증여하여 세금을 낮게 내려고 일부러 낮게 거래를 한 물건들도 있기 때문이다.

4. 공인중개소를 통한 최종 시세 확인

위의 3단계를 거친 후 허위 매물이 있는 경우도 있으므로 중개소에 방문하거나 전화를 해서 실제 매물이 있는지 확인을 해봐야 한다. 허위 매물이 발생하는 이유는 중개소 간 경쟁이 치열해지면서 허위 미끼 매물이 많기 때문이다. 따라서 인터넷을 통해 실제 매물의 호가, KB 시세, 실거래가를 확인하고 가격대와 시장 분위기를 본 다음 최종적으로는 중개소 방문을 통해 사전에 파악한 내용이 정확한지 판단하고 내놓은 물건에 대해 현장 실사 해보길 바란다.

- 07 -

직장인의
분석 능력을 이용하자

거시적인 관점으로 부동산 가격을 공부하라

최근 KBS에서 방송한 자료를 보면 우리나라 국민이 한 집에 평균적으로 머물러 있는 시간은 7.7년이며 1인당 주거 면적은 33.2㎡로 나타났다. 전체 가구의 평균 거주 기간은 7.7년으로, 자가 가구는 10.6년, 임차 가구는 3.6년이었다. 자가 가구의 거주 기간은 2012년 12.5년에서 2014년 11.2년에 이어 작년 더 줄어든 것이다. 반면 같은 기간 임차 가구의 거주 기간은 3.7년, 3.5년, 3.6년으로 큰 변화가 없는 가운데 작년에는 소폭 줄어든 것으로 나타났다. 최근 2년 이내에 이사 경험이 있는 가구의 비율은 36.9%로 2014년 36.6%에 비해 다소 높아졌다. 지역별로는 수도권에 거주하는 가구 중 2년 내 이사 경험이 있는 가구는 40.9%로 2014년 40.3%에 비해 증가했다.

지방광역시는 2014년 35.1%에서 작년 37.1%로 증가한 반면 도지역은 32.0%에서 30.8%로 줄었다. 이사 경험이 있는 가구를 대상으로 그 이유를 물은 결과 '자가 주택 마련을 위해'라는 답변이 23.9%로 가장 많았다. 그 외에 '주택 규모를 늘리려고'(22.4%), '시설이 더 좋은 집으로 이사하려고'(20.6%), '직주 근접을 위해, 혹은 직장 변동 때문'(20.2%) 등 순이었다. 이렇듯 한국에서 집을 사고 이사를 하는 것은 살면서 겪는 아주 큰일에 해당한다. 한번 집을 사거나 이사를 하면 평균 7.7년을 그 집에서 보내게 되기 때문에 고려할 사항이 많다.

국민 평균 7.7년마다 이사...가장 큰 이유 "내집 마련"

입력 2017.04.25 (14:33)   수정 2017.04.25 (14:33)   경제

가

출처 : KBS NEWS 2017.04.25

그 중에서 제일 고려하게 되는 것이 집값의 미래 가격에 대한 것이다. 부동산 투자 공부의 순서는 제일 먼저 전국의 흐름을 분석하는 것부터 시작해야 한다. 전국의 흐름 분석을 통해서 집값의 봄이 올 지역을 찾아야 하는데, KB부동산의 주간 주택 시장 동향을 매주 꾸준히 모니터링하면 각 지역의 계절이 보이기 시작할 것이다. 가격 추이를 보면서 매매 증감, 전세 증감, 매매지수, 전세지수, 매수매도, 전세 수급을 자세히 보면 많은 도움이 된다.

주간 주택 시장 동향을 꾸준히 3개월 정도 모니터링을 하고 사고 싶은 지역 또는 흐름이 좋아질 지역의 분석하고 마지막으로 이 지역의 공급, 미분양, 거래량 데이터를 참고하여 매수 타이밍을 잡으면 된다. 부동산 투자를 위해서는 아주 명석한 두뇌도 컴퓨터 활용 능력도 필요 없고 오직 우직한 마음가짐과 부지런한 발만 있으면 된다.

부동산 분석을 하다 보면 사이클이 존재한다는 것을 알게 된다. 부동산만의 특징이 있는데 기차에 비유하면 쉽게 이해가 된다.

1. 가속을 위한 충분한 거리가 필요하다.
2. 쉽게 멈춰지지 않는다.
3. 전국의 기차가 모두 동시에 움직이지 않는다.

부동산은 가격이 상승하기 전에 시장이 천천히 움직이는 기간이 있다. 이 기간을 확인하기 위해서는 부동산 평균 가격이 느리게 상승하고 있을 때 우상향하는 방향을 확인할 수 있어야 한다. 부동산 평균 가격이 빠르게 상승할 때는 가격 상승 패턴이 쉽게 꺾이지 않는다. 그리고 부동산은 모든 지역이 동시에 상승하지 않는다. 한 지역이 상승하면 주변의 어떤 지역이 영향을 받아 상승하는지 살펴봐야 한다.

이런 지역을 찾기 위해서는 지역 간의 가격 비교 및 상승률 비교가 필요하다. 예를 들면 강남 → 분당 / 과천 → 수지 이렇게 상승이 이어지는 경우도 있고 강남 → 성동 / 광진 → 노원 / 강북 이렇게 상승이 이어지는 경우도 있을 수 있고 강남 → 용산 → 마포 / 영등포 이렇게 상승이 이어지는 경우도 있다.

부동산 사이클을 보면 가격 상승은 수급 불균형으로 전세 가격이 상승하고 매매 가격이 상승하게 되어 주택 경기가 활성화된다. 주택 경기 활성화로 인해 건설 경기도 활성화가 되어 공급이 늘어나게 된다.

가격 하락은 공급이 늘어나서 입주 물량이 증가하고 전세 가격이 하락하고 매매 가격이 하락하고 시작은 크게 위축이 되고 신규 공급이 중단되어 가격이 하락한다.

부동산 투자하기 좋은 타이밍은 따로 있다

　가격이 상승할 때 우리가 알 수 있는 방법은 없나? 추이를 꾸준히 보다 보면 다음과 같은 공통점을 발견하게 된다. 상승장의 기본적인 변화는 우선 부동산 가격이 상승하고 거래량이 증가하는 것을 알게 된다. 아래 3 가지 조건에 만족하면 대세 상승기에 올라탈 수 있다.

　1. 거래량이 2배 이상 증가

　2. 3개월 이상 거래가 꾸준히 증가

　3. 5% 이상 가격이 상승

　그러면 어느 시점에 투자해야 할까? 아래 그래프를 보고 언제 투자하면 좋을지 먼저 생각해보라.

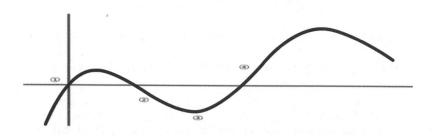

　첫 번째로 제일 좋은 구간은 3번 시점에 투자하면 좋다. 상승 초입에 들어가는 방법이다. 거래량이 갑자기 늘어나는 특징이 있다. 두 번째로 좋은 구간은 3~4번 사이 상승장에 올라타는 방법이 있다. 세 번째로 좋은 구간은 2~3번 구간으로 하락 반전하는 타이밍에 진입하면 좋다. 사이클이 순환하는 데는 시간이 오래 걸리므로 자신이 처한 사이클에서 가장 좋은 시점을 찾아야 한다.

맹모삼천지교는 맹자의 어머니가 세 번이나 거처를 옮겨 맹자를 성인으로 만들었다는 옛이야기다. 어린 맹자를 데리고 묘지 근처로 이사를 갔는데 상여 놀리는 곡소리를 따라 해서 시장 근처로 옮겼으나 장사치 흉내를 내어 서당 옆으로 다시 옮겼더니 글 읽는 소리를 내더라는 즉, 교육에는 주위 환경이 아주 중요하다는 가르침을 이르는 말이다. 한국의 교육열이 세계 최고이다. 오바마 미국 전 대통령이 한국의 교육을 칭찬한 것도 잘 알려진 사실이다. 우리나라 사람들은 자식이 잘 되기 바라는 마음에서 좋은 교육 환경에서 공부를 시키고 싶어 한다. 한국판 맹모삼천지교를 가장 잘 보여주는 곳은 강남구 대치동이다. 우리나라 많은 부모님들은 좋은 학교나 좋은 학원 근처로 무리를 해서라도 집을 옮기려고 한다. 그러다 보니 학군이 좋거나 유명 학원이 밀집되어 있는 지역은 부동산 가격이 높다. 이런 이유로 투자할 때 학군을 고려해야 한다. 학군이 좋은지 나쁜지 어떻게 알아 볼 수 있을까? 우선 특목고 진학률과 학업성취도의 두 가지 기준을 통해 우수 학군을 알아볼 수 있다. 우수 학군의 조건은 아래와 같다.

초등학교

1. 가까운 통학 거리

2. 주변에 유해 시설이 없음

3. 단지 내 초등학교 있음

4. 주변에 중대형 평수의 아파트가 많음

중학교

1. 학업 성취도 평가 점수가 높음

2. 특목고 진학률이 높음

3. 학원가와 가까움

고등학교

1. 이과 중심 학교가 많음

2. 과밀 학급이 많음

3. 서울대 진학률 높음

명문 학군에 투자하려면 되도록 중산층이 많이 거주하는지 확인해라. 학군은 소형 평수보다는 30평형대 이상의 주택이 많은 곳이 좋다.

신혼부부나 어린 자녀와 살기에는 소형 평수가 좋을지 몰라도, 아이가 자라고 어느 정도 여유가 생기게 되면 평수가 더 넓고 좋은 곳으로 이사하기를 원한다. 따라서 주택 매입을 고려하고 있는 지역이 30평형 이상이 많고 중산층이 많이 거주하고 있는 곳이면 상당히 좋은 위치이다. 그리고 명문 학군 주변에는 유흥업소를 보기가 매우 힘들다. 유흥업소가 없는 지역은 영락없이 명문 학군이다. 이런 한국인 특유의 높은 교육열로 인해 명문 학군 주변은 가격이 높을 수밖에 없다.

바쁜 직장인을 위한
부동산 투자 방법

인간관계에서 믿음만큼 중요한 것은 없다

집을 구하려면 중개사를 만날 수밖에 없다. 개인 간 직거래를 할 경우를 제외하고 중개사의 도움을 얻을 수밖에 없다. 투자를 하든지 혹은 집을 구하든 수요자의 입장에서 능력이 있는 중개사를 알아두면 여러모로 많은 도움을 받을 수 있다.

특히 부동산 투자에 관심을 가질수록 중개사와의 관계가 매우 중요하다. 중개사를 내 편으로 만들어 그를 통해 많은 투자 정보를 얻을 수 있기 때문이다. 어느 투자나 마찬가지이지만 부동산의 경우는 많은 투자 정보를 가지고 있으면 성공으로 이어질 확률이 높다.

최근에는 부동산 포털 등을 통해 부동산 사무소를 무작정 찾아가기 전에 사전에 많은 정보를 탐색하고 가기 때문에 시간을 많이 줄일 수 있다. 그 후 부동산에 사무소에 전화하거나 방문하여 상담을 하고 나오면서 하는 말이 있다. "싼 급매물 나오면 연락주세요." 이 말을 다 하고 나온다. 하지만 싸고 좋은 물건을 처음 전화를 하거나 한 번 방문한 사람에게 바로 소개를 해줄 중개사는 많지 않다. 중개사와 관계도 결국 사람과 사람의 일이다. 중개사에게 부탁을 한 사람이 나 하나가 아니다. 수많은 고객이 있다. 수많은 고객 중에 나를 기억하고 물건을 소개해줄리 만무하다. 그러므로 나를 대신하여 물건을 알아봐주는 그들에게 태도는 정중하게 하는 것이 좋다. 중개사와 업무를 진행하게 되면, 수시로 연락을 주고받고, 자료를 받고 설명을 듣게 된다. 나를 위해 많은 시간을 할애하여 좋은 물건을 소개해주는 사람들에게 감사한 마음을 가져야 좋은 관계를 맺을 수 있다.

특히 부동산 투자를 하는 입장이면 싸고 좋은 물건을 구하는 것이 투자의 성패를 좌우할 정도로 중요하므로 나에게 물건을 소개해주는 중개사에게 먼저 적극적인 관심과 인간적인 모습을 보이고, 상대방에게 도움이 될 사람이라는 것을 보여줘야 한다. 특히 자금 여력이 있어 많은 물건을 당장 계약할 수 있다는 인상을 주면 적극적으로 물건을 소개해줄 것이다. 그리고 자주 중개사 사무소에 방문하여 이런저런 이야기를 나누기도 하고 커피도 마시면서 친분을 쌓으면 더할 나위 없이 좋다.

2005년 부동산 광풍이 불었던 초창기에, 필자는 평소에 잘 알고 있던 중개사와 개인적인 친분을 쌓았다. 술자리를 같이 할 정도로 친해졌다. 자주 만남을 가졌던 중개사와 점심 식사를 하기 위해 사무실에 들렀다. 많이 친해진 중개사 사무소에서 "요즘 성남의 구축 아파트들이 재개발을 추진 준비하는데 조만간 가격이 급등할 것 같다."는 이야기를 들을 수 있었고, 다른 사람보다 빨리 이 지역 아파트에 투자할 기회를 잡을 수 있었다. 이렇듯 평소에 꾸준히 중개사와 좋은 관계를 유지하면 좋은 기회를 남들보다 빨리 얻을 수 있고 투자 수익률이 높아질 수 있다.

많은 직장인들은 근무를 해야 하는 관계로 주말이나 특별히 휴가를 내지 않으면 시간을 내서 중개소에 방문하기 어렵다. 시간이 많지 않은 관계로 이미 중개소에 연락을 해서 주말에 방문해서 상담을 하고 싶다고 하면 상담이 가능한 경우가 많다. 그리고 중개소를 무작정 찾아가기 보다는 거래량이 많은 곳을 가는 것이 좋다. 일 잘하는 중개사를 만나야 좋은 가격의 매물을 잡을 수 있기 때문이다.

아파트의 경우 단지마다 단지가 처음 입주할 때부터 있었던 중개사무소가 있다. 그런 사장님들은 인맥이 넓어서 많은 물건을 확보하고 있다. 보통 처음 내 집 마련을 하는 사람들은 살고자 하는 곳의 가장 눈에 잘 띄는 곳에 바로 들어간다. 이런 중개소는 매수할 손님들이 쉽게 찾을 수 있는 위치에 있다고 하여 매수자 부동산이라고 한다. 반면 아파트를 팔려고 내놓는 매도자의 입장은 다르다. 그 곳에 오래 살던 사람들은 주로 이용하는 동선 근처에 있는 부동산에 물건을 많이 내 놓는다. 익숙하고 친한 곳에 물건을 내놓는 것이다. 저녁에 장을 보면서 들어오다가 아니면 동네 친구네 집에 가는 길목에 있는 공인중개소를 찾는 것이다.

또한 학교나 학원가 주변에도 아주머니들이 많이 모여 있는데 이들의 이동 동선에 있는 중개사도 잘 봐야 한다. 보통 이런 중개사무소는 눈에 잘 띄는 대로변이 아닌 아파트 상가 뒤편의 외진 곳에 자리하고 있다. 이런 중개사무소를 보통 물건지 부동산이라고 한다. 이런 곳에 좋은 물건이 많이 있다. 중요한 점은 중개사무소를 선택을 할 때 외양만 보고 판단해서는 안 된다는 것이다.

아파트 단지 입구 근린 상가에 여러 중개사무소가 모여 있는 경우가 많은데 필자의 경험상 코너에 있는 중개사 사장님이 일을 잘하는 경우가 많다. 또 친화력이 좋은 여자 사장님이 운영하는 중개사무소는 동네 사랑방 역할을 하므로 동네 아주머니들이 시장 오가는 길에 한 두 번씩 들러 부동산 이야기뿐만 아니라 동네 돌아가는 소식들을 자연스럽게 들을 수 있다. 이런 현장의 살아 있는 정보가 많은 중개사무소가 좋은 물건이 많다.

코너에 있는 중개사무소가 일을 잘 할 거라는 것은 그곳 사장님의 마인드를 보면 알 수 있다. 보통 상가는 코너 자리에 있는 상가 가격이 제일 비싸다. 그럼에도 그 자리에서 영업을 한다는 것은 더 많은 월세를 내더라도 열심히 해서 비싼 월세보다 더 많은 이익을 내겠다는 사장님의 의지를 알 수 있는 것이다. 이런 적극적인 마인드를 가지고 있는 중개소가 더 많은 물건과 일을 잘할 것은 의심할 여지가 없다.

싸움은 말리고 흥정은 붙여야

이제 중개소를 선택을 했으면 물건을 선택하고 가격을 흥정해야 한다. 부동산 투자에서도 협상의 기술은 매우 중요하다. 아파트를 새로 사기로 마음을 먹은 A라는 남자가 있다. 새 아파트를 사기에 부담되어 구축 아파트를 구매하기로 결정한 뒤, 부동산 포털 사이트에서 시세에 대해 조사를 한 후, 3억 원이라는 예산을 가지고 물건을 찾기 시작했다. 그러던 어느 날, 한 중개소에서 마음에 드는 아파트를 발견했다.

A는 혹시라도 3억 원이 넘으면 어떻게든 말을 잘해서 가격을 3억 원에 맞춰야겠다는 생각을 하면서 가격을 물었다. 그런데 집주인 B는 급하게 팔아야 했다면서 2억9,000만 원을 불렀다. A는 그 가격을 듣자마자 바로 계약을 하고 집을 구매했다. 여기까지 읽어보면 거래가 아주 잘 성사된 것처럼 보인다. 서로 원하는 가격에, 가격 실랑이를 벌이지 않았고 쉽게 거래가 되었기 때문이다. 그런데 A는 집을 싸게 잘 샀다는 만족감은 금세 없어졌고 싼 만큼 아파트에 무슨 문제가 있는 것은 아닌지 고민하기 시작했다. 좋은 것을 그대로 받아들이지 못하고 반대로 의심하는 마음이 조금씩 싹트기 시작한 것이다. 마찬가지로 B도 거래가 모두 끝난 후에 불만족스러운 마음이 생겼다. 급하게 돈이 필요해서 조금 싸게 내놓기는 했지만, 상대방이 조금의 흥정도 없이 바로 사버릴 줄은 예상하지 못했던 것이다. 시간이 지날수록 처음부터 가격을 올려서 팔았으면 좋았을 것이라고 후회가 되기 시작했다. 그럼 왜 A와 B는 모두 거래가 완료된 후 불만족스러웠을까? 그것은 둘 사이의 거래에 협상의 과정이 없었기 때문이다. 만약 집주인 B가 처음에 실제로 받고 싶은 가격보다 더 높은 3억1,000만 원을 제시했다면 결과는 어땠을까? 그랬다면 A는 자신이 생각하고 있던 금액인 3억 원으로 구입하기 위해 협상을 시작할 것이다. B도 처음부터 흥정을 고려하여 제시한 금액이므로 그 협상을 받아들여

3억 원에 최종적으로 거래가 성사될 것인데, 이러한 협상의 과정을 거쳐 이루어진 매매는 서로에게 만족감을 준다.

이 사례에서 본 바와 같이 거래를 통해 얻고 싶은 것은 단순히 물질적인 것만이 아니다. 사람들은 거래를 함으로써 무언가 이익을 얻었다는 만족감을 느끼고 싶어 한다. 서로 의심 없이 만족감을 느끼기 위해서는 협상이 매우 중요하다. 협상이라는 부분이 굉장히 중요하지만 그렇다고 부동산 투자 과정에서 협상에 대해 너무 큰 부담을 느낄 필요는 없다. 처음에는 어색하고 실수를 할 수도 있다. 그러나 경험이 쌓이다 보면 자연스럽게 협상을 주도하게 되고 가격 결정권을 가지게 될 것이다. 필자는 경매로 주거용 부동산을 9,700만 원에 낙찰을 받았는데, 물건이 있는 지역의 전세가 8,500만 원에 형성되어 있었으며 전세 물량이 거의 없다는 것을 알게 되었다. 전세 물건이 없다는 것은 가격을 조금 높여도 수요자를 찾기 어렵지 않을 거라 판단을 하고 실제로는 9,000만 원에 임대하기로 마음을 먹고 9,500만 원에 전세를 내놓았다. 그 다음 날 바로 임차하기를 원하는 사람이 있다고 공인중개소에 연락이 왔다. 그 사람은 예상대로 전세 시세가 8,500만 원에 형성되어 있으니 그 가격으로 깎아달라고 한다는 것이다. 그리고 그는 나름대로 협상을 하기 위해서 아파트의 상태가 오래 되었다고 물건의 상태를 평가 절하하는 방법을 추가로 구사했다. 그 순간 공인중개소에서 내 휴대전화로 연락이 왔다.

"여보세요? 사장님! 여기 ○○○부동산예요. 계속 깎아 달라고 하는데 어떻게 조금이라도 깎아주시면 안될까요? 이쪽에서 통사정을 하는데요. 요새 전세 구하기는 힘들고 마련할 수 있는 자금이 9,000만 원밖에 없고 아파트가 오래되었으니 그 부분도 반영해 달라고 하네요."

생각해보겠다고 하고 전화를 끊었다. 그리고 얼마간의 시간이 지난 다음에 중개소에 전화를 했다.

"다른 곳에 물건을 내 놓으면 9,500만 원 이상을 받을 수 있는데 그쪽 사정이 너무 딱해서 특별히 가격을 깎아 드리는 겁니다."

그리고 계약은 잘 마무리 되었다. 이렇듯 경쟁을 유발한 뒤에는 500만 원을 내려 부르니, 상대방도 고마워하면서 계약을 하게 되었다. 결국 나는 계획했던 금액으로 계약할 수 있어서 만족을 했고 상대방 역시 500만 원이나 낮은 가격으로 협상했고, 또 운 좋게 다른 경쟁자를 제치고 계약했다는 사실에 매우 만족했을 것이다. 이처럼 부동산 거래를 할 때, 경쟁을 유발하면서 하나씩 요구 사항을 제시하는 방식을 이용하면 서로 만족하는 성공적인 협상을 이끌어낼 수 있다.

2장

돈의 가치는 떨어져도
부동산의 가치는
떨어지지 않는다

- 01 -

지금 사도
괜찮을까

공포에 사서 뉴스에 팔아라

부동산 투자에는 많은 투자 공식들이 있다. '대단지 아파트에 투자해야 한다.', '남향을 선택하라.', '브랜드 아파트를 선택하라.', '발품을 팔아라.', '오래된 빌라는 피해라.' 등 많은 공식들이 있다. 이와 같은 투자 공식들은 과거 많은 투자들이 주요하게 생각해서 성공했을 때의 공통분모라고 생각하면 된다. 하지만 알려진 공식이 절대적인 방식은 아니다. 일반인들은 자기만의 투자법이 없는 관계로 이런 공식대로 하면 성공할 수 있을 거라는 착각에 빠지기 쉽다.

하지만 모든 공식에는 예외가 존재하는 법. 공식에 의존한 투자가 맞을 때도 있지만 그렇지 않은 경우도 자주 발생한다. 모든 상황에 적용할 수 있는 투자 공식, 모범 답안은 존재하지 않는다. 어떤 부동산에 투자를 할지 고민스러워진다. 따라서 어떤 투자 방식으로 따를지가 아니라 상황에 맞게 어떻게 활용할지가 더 중요하다. 자기만의 기준을 세워서 투자해야 끊임없이 고민하고 지속적인 수익 창출이 가능하다. 그 기반으로 싼 가격의 물건과 저평가된 물건을 찾아낼 수 있는 안목이 필요하다. 투자 하는 데 있어서 가장 중요한 요소는 바로 가격이기 때문이다.

저평가된 부동산을 고르는 기준은 무엇일까? 현재를 기준으로 주변 지역과 비교했을 때 교통과 학군, 편의시설, 접근성 등에 불편함이 없지만 가격 변화가 없는 곳은 가격이 낮은 곳이다. 이 같은 지역 중에서 앞으로 큰 변화가 이루어질 수 없다면 그냥 가격이 저렴한 곳이지만 변화가 가격의 큰 변화가 가능하다면 저평가된 곳이 된다. 대표적인 지역이 화성시 남양읍이다. 화성시 남양읍은 동탄 신도시가 조성된 화성시 동부 지역에 비해 상대적으로 저평가 받아온 지역이다. 실제로 부동산 포털 자료에 따르면 지난 1년(2019년 7월 ~ 2020년 7월) 화성시 시세가 18.04%(평당 1092만원 → 1289만원) 상승하는 동안 남양읍은 1.22% (평당 818만원 → 828만원) 오르는데 그쳤다. 하지만 최근에는 분위기가 달라져서 남양뉴타운 내 단지들이 프리미엄이 붙어 거래되고 있다. 국토교통부 실거래가에 따르면 남양뉴타운 C아파트(전용 84㎡)는 지난해 7월 2억8,800만 원에 거래되었으나 올해 6월 들어서는 3억9,000만 원에 거래됐다. 1년여만에 1억 원이 넘는 프리미엄이 형성이 되었다. 그런데 쌀 때 사서 비쌀때 파는 게 쉬운 일일까? 부동산 투자에선 사실상 불가능한 이야기다.

그 이유는 첫째 언제가 저점인지를 정확히 알 수 없다는 것이다. 많은 투자자들이 2008년 글로벌 금융위기 때를 기억할 것이다. 금융 위기로 인해 시장 경기는 완전히 침체되었다. 이 하락기는 2013년까지 이어졌다. 정부에서 부동산 관련 규제를 모두 완화할 정도였다. 하지만 부동산 가격은 어디가 바닥인지 모를 정도로 계속 하락했고 바닥에서 탈출할 기미가 보이지 않았다. 시장은 패닉 상태에 빠지게 되었고 폭락론이 시장을 지배했다.

이 시기에는 부동산을 보유하지 않은 것에 위안을 느끼는 사람들도 있었고 저렴하게 살 수 있다는 것을 알면서도 불안감에 휩싸여 용기를 내지 못하는 사람들이 대부분이었다. 그렇다면 이런 시기에 어떻게 하면 될까? 바닥이 언제인지가 될지 기다리지 말고 최대한 많은 정보를 수집하여 바닥에서 탈출하는 시점이 언제인지 확인하고 준비하면 된다.

둘째, 언제가 고점인지도 정확히 알 수 없다는 것이다. 서서히 반등을 시도하던 부동산 시장은 2015년부터 분위기가 심상치 않아졌다. 도심 재개발이 시작되면서 매수세도 살아나기 시작했다. 미분양 지역의 분양권이 팔려나가기 시작했다. 마곡과 마포, 성동, 강동, 송파 등이 시장을 주도하면서 급격한 가격 상승이 일어났다. 2016년도에는 개포주공2단지 재건축 청약이 폭발적인 인기를 끌었고, 흑석뉴타운의 분양도 흥행했다. 서울 전역으로 상승세가 퍼졌다.

문재인 정부가 들어서 부동산 시장은 급격한 우상향 가격 상승 그래프를 그렸다. 노무현 정부 때 만들어진 강력한 규제들이 다시 등장했다. 양도세 중과와 분양권 · 입주권 전매 제한 등 많은 규제 정책들이 다시 다 등장했다. 이런 이유로 사람들은 똘똘한 한 채 바람이 불고 많은 사람들이 살고 싶어 하는 강남의 부동산 가격은 하늘 높은지 모르고 올라갔다.

강남이 오르자 마용성(마포 용산, 성동)이 뒤따라 올라갔다. 당황한 정부는 강력한 금융 규제와 재건축 안전 진단 강화를 통해 제동을 시도했지만 오히려 똘똘한 한 채에 대한 집중도가 더 높아졌다. 9.13 대책을 통해 종합부동산세율이 인상되고 임대사업자 혜택이 축소되고 나서 상승세는 꺾였다. 규제와 함께 이 시기에 3기 신도시 등 공급확대 정책을 발표를 했다. 그럼 이 기간 중에 언제가 고점이었을까? 항상 현재가 가장 비쌌지만 사람의 심리는 저점에 사고 고점에 팔고 싶을 것이다.

싸거나 비싸다는 것은 상대적인 개념이다. 많은 사람들이 먼저 눈에 보이는 가격만으로 비교하고 판단하는 경향이 있다. 하지만 부동산은 공장에서 만들어내는 획일적인 물건이 아니므로 드러난 가격만으로 부동산의 가치를 명확히 판단하기는 어렵다. 부동산이 가지고 있는 특징에 따라 그 가치에 대한 판단 기준은 매번 달라질 수밖에 없다는 것을 꼭 기억하자.

정부 정책에 맞서지 마라

정부의 정책은 부동산에 지대한 영향을 미친다. 많은 역대 정권이 부동산 활성화 또는 규제 정책을 반복적으로 시행해왔다. 그 과정에서 정부는 국토를 균형적으로 개발하기 위해 지금까지 여러 정책을 펼쳤다. 그러면 강남이 정부 정책에 따라 어떻게 지금의 강남이 되었는지 보자. 예전에 강남은 경기도에 있었던 동네였다. 보잘 것 없던 강남은 1960년대 서울시 성동구로 편입된다. 하지만 낙후된 지역이었던 강남은 1960년대 말부터 변화의 바람이 불었다.

해방 당시 90만 명에 불가했던 서울시 인구는 1980년대 평균 480만 명까지 늘어났다. 전 세계를 통틀어 유례가 없던 인구 증가였다. 이런 인구 증가가 당시 박정희 대통령에게는 큰 부담이었다. 모든 도시 기능이 강북에 있던 상황에서 인구 증가 추세는 부작용을 동반할 수밖에 없었다. 강북에 밀집된 인구를 강남으로 분산시킬 방법을 찾았다. 이 시기에 또한 남한과 북한의 갈등도 한몫을 했다. 한국 전쟁이 일어났던 한강인도교 폭파 사건은 서울 시민 기억 속에 남아있던 1960년대 말쯤, 1.21 사태와 울진 삼척 무장공비 침투사건은 인구를 분산, 정부 주요기관 이전에 영향을 줬다.

이런 상황에서 경제 발전은 꼭 시켜야만 하는 사업이었기에 강남 개발을 해야 했다. 박정희 대통령은 수출 주도형 경제 개발 계획을 발표했다. 울산과 창원, 포항, 영남권에 공업 단지를 조성하고, 서울과의 접근성을 위해 1960년대 제3한강교, 한남대교를 건설했다. 1960년대 말에는 제3한강교를 이을 경부고속도로도 건설했다. 이때부터 강남은 천지개벽을 하게 된다. 영동 지구 사업이라고 불리었던 강남 개발은 영등포구의 동쪽(강남, 서초 일대)이라는 의미로 '영동'이라 불리게 된다. 1960년대 말 영동 토지구획 정리 사업은 경부고속도로를 만들 부지를 무상확보하기 위함이었다.

1970년대 초 영동2지구 사업은 강북의 인구 분산을 위한 목적이었다. 예전 강남은 전기는 물론 전신 전화 취급소도 없는 시골이었다. 영동 사업으로 도로가 신설되고 아파트 단지, 단독주택이 분양되고 이때서부터 파격적인 지원책이 시작됐다. 서울시는 강남으로 주거 이전을 촉진하기 위해 특별조례도 지정하고 공공기관이 영동 지구에 지은 건물에는 취득세 면제와 추가적인 혜택도 주었다. 강남 불패의 서막이 이때 올라가게 된 것이다.

1960년대~1970년대 강남의 땅값은 20배가 올랐는데, 용산구가 7.5배 오른 것에 비하면 엄청난 상승세였다. 1970년대 초 강북 도심은 특정 시설 제한 구역으로 지정되어, 종로구와 중구 서대문구 일대에 각종 유흥시설이 금지되어 있었다. 백화점, 대학 등 신설 및 증설도 막아버리면서 강북의 발전은 막히고, 영동 지구는 개발 촉진 지구로 지정되어 부동산 영업세와 취, 등록세 등 관련된 법 모두를 면제되는 혜택을 주었다. 1970년대 초중반에 반포 주공아파트, 청담 시영아파트, 압구정 현대아파트 등 대규모 아파트 단지들이 지어지고 영동 지구 사업으로 개발되기 시작했다.

강북의 명문 고등학교들도 이전을 하고, 강북 지역 15개의 학교가 강남3구로 이전하게 되었다. 강남 개발 촉진을 위해 강남고속버스터미널을 건설하고 강북터미널까지 강남으로 이전 명령을 내렸다. 강남이 결정적으로 크게 성장된 계기는 지하철 2호선에 있다. 1970년대 말 착공해서

1980년대 초 완공된 지하철 2호선은 강북 인구가 강남 이주를 돕는 역할을 하게 되었다. 특히 1980년대 강남의 성장을 이끈 건, 교육열이었다. 고등학교 입시가 없어져서 고교 평준화 시대가 열린 1970년대 초, 중학교 졸업생은 추첨제로 고등학교에 입학하게 되었다. 학군제의 도입으로 고등학교 배정을 거주지 중심으로 배정을 하게 되면서 명문 고등학교가 많은 강남으로 몰리면서 부동산 가격이 상승하는 역할을 하게 되었다. 1980년대 말에는 각종 상업 오피스 시설이 들어서기 시작했다. 지하철 2호선이 개통하면서 강북 도심에 있던 기업들이 앞 다투어 강남으로 이전을 하게 되었다. 강남을 동서로 가로지르는 테헤란로를 중심으로 빌딩들이 주를 이루기 시작하면서 강남 집값과 주변부의 집값 격차가 벌어지기 시작했다.

2000년대 초부터 강남의 위치한 저층 아파트들이 재건축을 본격적으로 하면서 다시 개발 열풍이 몰아치게 되었다. 강남의 집값은 하늘 높은 줄 모르고 2008년 글로벌 금융위기의 흔들림도 이겨내고 대한민국 최고 부촌으로 입지를 굳히게 되었다. 강남이 이렇게 최고의 도시로 거듭나게 된 가장 큰 원인은 정부 정책이었다. 이 정책에 잘 편승해서 땅이나 건물에 투자했던 분들은 엄청난 부를 가지게 되었다. 앞에서 강남의 발전 과정과 정부 정책과의 연관성에서 보았듯이 새로 발표되는 정책을 항상 예의주시해야 한다.

남의 말 듣고
부동산 사지 마라

발품 팔아야 성공한다

지인이 커피숍을 차리려고 상가를 알아보는데 같이 봐줄 수 있냐고 물어봐서 상가 분양 사무실을 여러 곳 찾아가서 상담을 했다. 그런데 그 업계의 사람들은 어찌된 일인지 월세 300만 원쯤은 아주 가볍게 생각했다. 커피숍 입점하면 하루 매출 100만 원이 될까 말까 한 자리로 월세 70~100만 원 정도이면 딱 좋을 자리인데, 분양사무실에서 기대하는 건 300만 원 정도였다. 월세 300만 원을 기대하고 지어져서 분양가도 6억원 이상으로 책정이 되어 있었다.

다른 호실 평수가 다른 곳을 문의를 해보았는데 문제는 매우 심각했다. 실제 입점도 하지 않았는데 조만간 약국이 무조건 입점이 된다고 하질 않나 온갖 감언이설로 우리를 꾀어내고 있었다. 새로 개발이 되는 지역으로 모 대기업이 R&D센터가 들어온다고 했다. 그 인원이 1,000명이라고 했다. 만약 커피 한 잔이 2,000원이고 하루 1,000명이 내점한다면 해당 건물의 커피숍 매출은 200만 원이 예상된다. 그러나 많은 사람들이 간과하는 부분이 그 대기업 R&D센터 주변에 커피숍이 하나가 아니므로 커피숍이 4군데가 들어오게 되면 하루 매출은 50만원으로 급격하게 하락한다. 그런 리스크까지 감안을 하면 월세 70~100만원이 적정하다. 상가는 정말로 많은 전문가들이 있다. 그럴 수밖에 없는 것이 OECD 국가 중 가장 높은 자영업자 비율을 가진 나라이기 때문이다. 많은 자영업자들이 창업을 할 때 많은 창업 컨설팅 업체에 창업 문의를 한다.

문제는 이 많은 창업 컨설팅 업체조차 진정한 전문가가 많지 않다는 것이다. 점포 창업 투자금이 얼마나 되고 일 매출이 얼마가 적정한지 연구한 자료도 거의 없다. 기껏 해봐야 배후 인구수, 지하철에서 얼마 정도의 거리에 있으며, 유동인구 수가 어느 정도인지 등 그런 수준이지 정말 창업자 입장에서 알고 싶은 많은 세세한 부분까지 조사한 사례가 많지 않다. 그들의 말을 무조건 믿고 덜컥 계약을 하는 실수를 범해서는 안 된다.

상가의 적정 가치는 시행사나 분양사에서 제시한 금액을 기준으로 평가되어선 안 된다. 창업자가 영업을 해서 낼 수 있는 월세를 기초로 가치 분석을 해야 한다. 그래야 시행사도 분양사도 제대로 된 기대치로 상가를 공급할 수 있을 것이다. 결국은 이런 정확한 조사를 통해서 상가를 분양을 받은 사람도, 그에게 임대를 얻어 창업을 하는 사람도 모두 성공할 수 있다. 상가 분야는 그 어떤 부동산 투자보다도 많은 발품을 팔아 현장 실사가 많이 이루어져야 한다. 그래야 성공하는 부동산 투자가 될 수 있다.

뉴스 곧이곧대로 믿지 마라

부동산 초보 투자자들이 제일 많이 하는 실수가 언론 기사를 맹신하는 것이다. 언론 기관이 뛰어난 전문가들이 모인 집단이라 생각하기 때문이다. 이들이 제공하는 다양한 투자 정보를 얻을 수 있을 것이라는 착각을 하게 된다. 물론 투자를 처음 시작할 때에는 신문 기사를 통해 많은 정보를 얻게 되고 또 그 정보가 큰 도움이 되는 것은 분명한 사실이다. 새로운 정보는 항상 깨어 있는 자세로 계속 모니터링을 해야 하는 것도 맞다.

하지만 언론에서 제공하는 정보를 맹목적으로 의존해선 안 된다. 시장 환경이 변화하고 상업화된 언론사들이 중립적이고 객관적인 정보를 제공하기 보다는 독자들을 유치하기 위해 치열한 경쟁을 벌이고 있다. 이로 인해, 자극적이고 검증되지 않은 정보로 채워진 기사들이 넘쳐나고 있다. 따라서 언론의 속성을 잘 알아둘 필요가 있다. 새로운 투자 정보에 목말라 있는 독자들의 요구에 맞추어, 언론은 특히 지하철 착공이나 도로 개설 등 교통 관련 기사를 자주 언급한다.

지하철이나 도로가 새로 뚫리게 되면 해당 지역 내 부동산 가격이 상승하는 경우가 많아서 개발 호재로 여기고 많은 투자자들이 관심을 가진다. 문제는 언론이 정확한 확인이나 검증 없이 불확실한 정보를 기사화함으로써 많은 투자자들이 잘못된 판단을 하는 경우가 많다는 것이다. 한국언론진흥재단이 지난 2017년 실시한 언론인 의식조사 결과에 의하면 응답자의 33.7%가 지난 1년간 오보를 낸 경험이 있다고 답했다.

오보를 낸 이유(복수응답)로는 '사실 미확인 또는 불충분한 취재'(91.5%)가 제일 많았다. 이외에도 '정보원 측의 부정확한 정보 제공'(57.4%), '기자의 단순 실수'(39.4%) 등이 거론됐다. 이런 문제들로 인해 보다 정확한 보도를 위한 데이터 저널리즘이 하나의 트렌드로 인식되고 전 세계적으로 팩트 체크 저널리즘이 확산되는 것도 이와 무관하지 않다. 하지만 이런 노력에도 오보 문제는 여전하다.

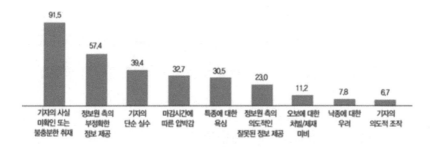

오보의 발생 원인 (단위: %, 복수응답)

91.5 기자의 사실 미확인 또는 불충분한 취재
57.4 정보원 측의 부정확한 정보 제공
39.4 기자의 단순 실수
32.7 마감시간에 따른 압박감
30.5 특종에 대한 욕심
23.0 정보원 측의 의도적인 잘못된 정보 제공
11.2 오보에 대한 처벌/제재 미비
7.8 낙종에 대한 우려
6.7 기자의 의도적 조작

출처 : 한국언론진흥재단 '한국의 언론인 2017'

투자자라면 부동산과 관련된 기사, 특히 도로나 지하철과 같은 교통망 확장 관련 기사를 그대로 믿어선 안 된다. 그 기사가 정확한 사실에 기반을 둔 건지, 과장된 건 아닌지 꼭 확인해야 한다. 언론은 때에 따라서 허풍쟁이가 될 수 있다는 사실을 기억하자.

한 가지 더 유의해야 할 게 더 있는데, 언론이 전달하는 부동산 시장의 분위기는 실제 시장의 움직임에 비해 많이 늦는 경우가 상당히 많다. 언론에서 '부동산 가격이 오른다.'고 이야기하기 시작했다면 이 말은 '부동산 가격이 이미 오를 대로 올랐다.'는 것을 의미한다. 그들이 우리에게 가격 상승의 근거로 제시하는 각종 데이터들은 이미 지난 과거의 결과물, 즉 다시 말해 후행지표이기 때문이다. 그럼에도 많은 투자들은 언론이 이 정확한 데이터를 가지고 정확히 예측하고 전망을 제시해줄 거라고 착각하는 사람들은 꼭 현장에 가서 분위기를 파악해야 한다.

이런 기사를 믿고 부동산 투자를 해서 이 지역의 부동산 가격이 꾸준히 오른다면 상관없지만, 그 동안 많이 올라서 최고점에 잡아 상투를 잡은 격이라면 뒤늦은 투자로 수천만 원에서 수억 원에 달하는 손실을 볼 수도 있다. 이런 사람들이 매번 하는 말이 있다.

"내가 사기만 하면 떨어지기 시작한다."

내가 사기만 하면 떨어지는 게 아니라 남의 말만 믿고 투자했기 때문이다. 언론사의 속성상 그들은 기사를 부풀려 보도하기도 하고 남이 보도한 보도를 따라 하기도 하고 시간이 많이 지나 앞으로 유효하지 않은 기사를 내기도 한다. 그렇다고 신문이나 뉴스를 보지 말라는 말이 아니다. 이제는 언론이 제공하는 정보를 맹목적으로 받아들이기 보다는 어떻게 재해석을 할 수 있고 이 기사에 담긴 숨은 의미는 무엇인지를 파악해야 한다.

이에 따라 고수와 초보 투자자로 입장이 변하게 된다. 투자 세계에는 이런 말이 있다. "언론 기사에 나온 반대로 하면 성공한다."라는 말이 있다. 무조건 반대로 하라는 의미가 아니다. 언론의 속성을 이해하고 꼭 현장을 확인하고 어려 자료들과 비교하고 재해석하여 투자의 바로미터로 삼아야 한다. 언론에 나온 정보를 그대로 믿지 말고 꼭 그 행간에 숨은 뜻을 찾아내는 지혜와 현장을 확인하는 부지런함이 당신을 부동산 투자 성공의 길로 이끌 것이다.

- 03 -

직장인이 피해야 할
부동산 투자

내 투자성향을 파악하라

아는 지인 중에 42세에 불과한 M씨는 부동산 경매로 5년 만에 10억 원
이 넘는 돈을 벌었다. 처음에 3,000만 원으로 투자해 얻은 수익이 그렇
게 되었다. IT업체에 다니는 직장인 10년차인데 어떻게 그렇게 돈을 벌
수 있었는지 물어보았다. 처음에는 그도 직장생활을 열심히 하였으나 IT
업체의 특성상 밤을 새우는 일이 잦았고 삶의 균형이 무너진 느낌이 많
이 들어서 나중에는 본인의 사업을 하기 위해서 돈을 모으기 시작하였다
고 한다.

투자금이 많지 않아도 소액으로도 투자가 가능하다는 게 M씨가 얘기하는 부동산 경매의 매력이다. 수도권에 있는 좋은 매물을 고르는 것도 중요하지만, 더 중요한 것은 위험성이 높은 부동산을 피하는 것이다. 그는 부동산 경매가 젊은 직장인에게는 새로운 재테크의 장을 열어주고, 나이가 든 직장인에게는 새로운 수익 창출의 장을 열어줄 것이라고 얘기했다.

M씨는 경기도에 있는 모 대학 컴퓨터공학과 출신이다. 그도 다른 대학 졸업생들과 마찬가지로 취업에 대한 걱정이 많았다. 그러다 우연한 기회에 창업 지원을 받아 사무실을 차리고 IT 벤처회사를 운영하게 되었다. 그러나 많은 노력을 쏟았음에도 투자 업체를 찾을 수 없어 결국은 잘되지 않았다. 그 후 많은 방황을 하다 지금의 회사의 들어와서 서버 관리를 하면서 회사생활을 하고 있다. 그는 취업 후에도 항상 '돈 벌 궁리'를 했다. 다른 또래 직장인들을 따라 주식 투자와 비트코인을 해보았으나 성향에 맞지 않았다. 그때 그의 눈에 들어온 것이 부동산 경매였다.

"주식이나 비트코인은 변수가 많아 빠르게 변하는 시장 환경에 바로바로 대응을 해야 하는데 회사일도 해야 하는 상황이라 수익을 내기가 어려웠어요. 그래서 부동산 쪽으로 눈을 돌렸는데 부동산이 초기 투자금이 많이 필요했죠. 그 당시 적은 돈으로도 부동산에 투자를 할 수 있는 방법이 경매였습니다. 인터넷 카페, 오프라인 스터디 등을 통해 공부하고 여러 사람들한테 물어보면서 시작했습니다."

부동산 경매는 채권자의 요청에 의해 법원이 돈을 갚지 않은 채무자의 부동산을 매각해 채권자의 돈을 찾아주는 절차이다. 먼저 채권자가 서면으로 부동산 경매를 신청한다. 법원은 부동산 경매 개시 결정을 한 후 채권자와 채무자 등 이해관계인들에게 이를 통보한다. 법원 집행관은 조사를 통해 부동산의 점유 관계, 임대차 내역 등을 확인한다. 이후 감정 평가를 통해 감정가가 정해진다. 감정가를 바탕으로 경매가 진행되며 법원은 낙찰자(최고가 매수인)가 정해지면 매각 허가 여부를 결정한다.

'경매는 안 좋은 것 아니냐' '잘못하면 크게 손해를 볼 수 있지 않냐'는 등의 주변에서는 곱지 않은 시선으로 본다고 한다. 그러나 경매에 나온 매물은 부동산 문제가 아니라 사람과 사람 사이에 발생한 채무 문제로 나온 것들이 대부분이다. 부동산 자체에는 큰 문제가 없다고 보는 것이 맞다. 다르게 생각하면 낙찰자는 문제를 해결해 주는 사람이라고 보면 된다. 채권자에게는 못 받은 돈을 주고 채무자에게는 빚을 덜어주기 때문이다.

소액으로도 투자할 수 있는 것은 경매 낙찰 잔금 대출(경락 잔금 대출)

이라는 제도 덕분이다. 시중 은행이나 제2금융권에서 낙찰 받은 물건을 담보로 대출을 받을 수 있다. 금리는 3~4% 내외며 낙찰가의 최대 80%까지 대출 가능하다. M씨는 경락 잔금 대출을 활용해 법원이 내놓은 물건을 사서 다시 되파는 형태로 수익을 남겼다. 그는 1년 만에 부동산 경매를 통해 총 5건의 부동산을 낙찰 받았다. 그 중 2개를 매각해서 9,000만 원을 벌었다. 초기 투자금 3,000만 원에서 3배 불어난 수준이다. 2개는 월세를 받아 대출 이자를 갚고 있다. 나머지 1개는 매매를 하려고 인테리어 공사 등을 진행 중이다.

M씨에게 어떻게 하면 경매를 잘 할 수 있는지 물어보았다.

"좋은 부동산을 고르는 것은 당연하고 팔 때 잘 팔 수 있는 부동산을 찾는 것이 중요해요. 처분은 본인이 해야 하기 때문이죠. 잘 모르거나 팔기 어려운 부동산을 골랐다면 수익을 내기 어려웠을 겁니다. 경락잔금대출로 부동산을 낙찰 받은 만큼 매도할 때는 온갖 방법을 써야 합니다. 다양한 매체를 통하거나 동네 부동산, 그래도 안 팔린다면 인테리어 공사를 해서 부동산의 가치를 높이고 매력 있게 만들어야 합니다."

M씨는 부동산 경매 투자에서 리스크는 본인 능력에 따라 충분히 회피할 수 있다고 말한다. M씨는 물건을 고를 때 권리분석을 한다. 권리분석

은 낙찰자가 인수해야 하는 권리를 알아보는 것이다. 말소기준권리, 등기부등본상 권리, 임차인 현황, 배당금 현황 등이다. 낙찰 받은 부동산에 대해 어떤 사람이 어떤 권리를 가지고 있느냐를 정확히 확인해야 한다. 경매 진행 시 어떤 권리가 오갔는지 서류에 남게 되는데, 이를 통해 낙찰 후에 본인이 부담해야 할 책임을 확인할 수 있다.

본인이 처리할 수 없는 복잡한 이해관계가 얽혀 있으면 경매를 포기하는 것이 좋다. 권리 분석 과정에서 리스크 회피가 어느 정도 가능하다는 것이다. 그는 부동산 경매 투자에 있어 좋은 부동산을 고르는 것이 핵심이라면서도 꼭 피해야 할 부동산은 있다고 했다.

대출이 안 나오는 부동산, 임대와 매매가 수월하지 않은 지역의 부동산 등 리스크가 뻔히 보이는 물건을 피하라고 얘기했다.

"경매 물건에 따라 대출이 안 되는 물건들이 있습니다. 권리상 하자가 있거나 낙찰 후 분쟁이 예상되는 매물이죠. 동대문 밀리오레 같은 쇼핑몰 상가 등은 대출이 나오지 않는데 구역이 잘게 쪼개져 있기 때문입니다. 엘리베이터가 없는 빌라의 4층 이상은 임대와 매매가 수월하지 않습니다. 임대가 맞춰지지 않으면 대출까지 잘 받아놓고 매월 비싼 이자만 내게 됩니다. 싸게 낙찰 받아 임대를 주는 매력이 없어지는 것이죠."

코로나 직격탄으로 세상이 변하고 있다

직장인들이 또 피해야 할 부동산은 토지가 있다. 대부분 토지를 사서 "땅값이 확 오르면 팔면 되지 않나?"라고 생각을 할 수도 있다. 현실적으로 젊은 직장인들은 큰 수익률보다는 적은 월급으로 생활하다 보니 안정적인 수입원이 되어야 하는데 토지는 그렇지 않다. 또한 예전과 같이 땅이 막 많이 오르는 시절이 아니기에 토지가 나쁘다는 것은 아니지만 현금 흐름이 중요한 직장인들에게는 환금성도 떨어지고 월세 소득이 나오지 않아 안정적이지 않다.

그리고 최근에 코로나 유행으로 또한 피해야 할 부동산은 상가이다. 서울에서도 7%의 수익을 만들어 낼 수 있었고 가격이 많이 올라서 10년 전만 해도 투자 가치가 높았다. 코로나 여파로 인해 이전에 비해 상가 공실률이 계속해서 가파르게 늘어나고 있는 추세이며 신도시 상가 분양의 경우 마이너스 프리미엄이 붙고 있고 분양가보다 더 싸게 팔리는 경우가 생겼다. 최근 지어진 신도시뿐만 아니라 기본 구도심으로도 확대되고 있다.

신도시나 택지개발지구 내에서 신규로 분양하는 상가의 경우 상권의 안정화까지 많은 시간(5~10년)이 필요하고 무엇보다 고분양가 논란에서 자유롭지 못한 만큼 투자를 피하거나 더욱 신중해야 한다. 다만 상가 빌딩은 꼬마빌딩이라는 별칭으로도 불리며 임대 수익률과 별개로 지역 발전에 따른 가치 상승 및 가족 간 증여의 관점에서 접근할 수 있는 상품인 만큼 그 수요는 꾸준하다.

코로나로 인해 비대면 거래가 확대됨에 따라 인터넷 주문이 증가하고, 이제는 집 앞까지 배달을 해주는 업체가 늘어남에 따라 상가에 갈 일이 적었다. 이런 트렌드로 인해 상가는 경기에 민감하게 반응하므로 꼭 투자에 많은 고민을 해야 한다. 상가 투자의 성패를 가르는 핵심 변수는 소비력을 갖춘 유동인구나 상주인구 존재 여부다. 따라서 반드시 상권의 확장성과 배후지 존재 유무를 따져봐야 한다. 이왕이면 정체된 상권보다 확장성이 큰 유망 상권에 투자하는 편이 좋다. 아울러 투자에 앞서 가시성과 접근성 확보 여부도 꼼꼼히 따져볼 필요가 있다. 안정적인 임대료 확보에 필수적이기 때문이다.

언제
사고팔아야 하나

부동산 투자의 핵심은 타이밍이다

부동산 투자에 있어 타이밍은 핵심 중의 핵심이다. 아무리 좋은 지역인 곳도 공급이 많으면 미분양이 발생하고 수요가 없어지는 곳에는 투자가 힘들어지기도 한다. 항상 부동산도 수요와 공급 및 심리에 의해 사이클이 존재하며 흐름을 타고 있다.

매매가와 전세가를 활용하여 부동산 사이클을 확인하는 4가지 방법이 있다.

1. 매매가는 하락하지만 전세가는 상승할 때

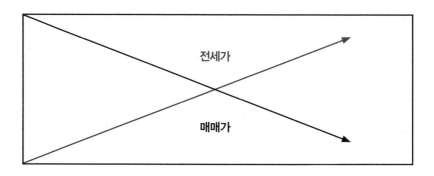

부동산 투자에 있어서 확률로 배팅하는 것은 매우 위험한 행위이다. 아직은 매매가가 더 떨어질 가능성이 농후하다. 확실히 바닥을 다지고 오르는 것을 보고 들어가도 늦지 않은 시점이다. 안전한 방법이 있는데 굳이 위험을 감수하면서 들어갈 필요는 없다. 이런 상황에서는 시장을 관망하라.

2. 매매가와 전세가가 동반 상승할 때

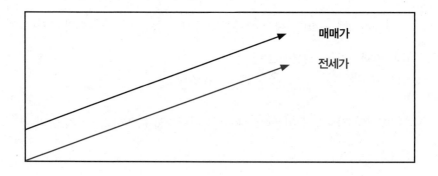

상승기간이 얼마나 오랫동안 올랐었는지를 확인하고 이런 상황에서는 되도록 매입하는 것이 좋다. 부동산 회복기에서 상승기로 이어질 때 나타나는 전형적인 모습이다. 주택의 공급이 부족한 상황에서 전세 수요가 꾸준히 상승하며 또한 매매 수요도 같이 상승한다. 안정적인 상승 시기이다.

3. 매매가는 상승하지만 전세가는 정체될 때

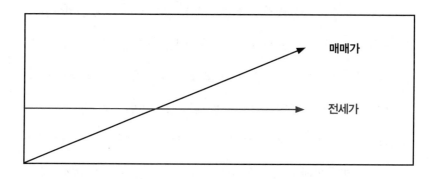

매매가는 하락하지만 전세가는 상승할 때와 정반대 상황이다. 전세가 하락하는 것은 공급이 많기 때문이고 그럼에도 매매가가 오르는 것은 추후 더 상승할 것이라는 기대감이 작용했기 때문이다. 이런 상황은 주로 신도시 또는 신도시의 공급으로 인한 주변지역에서 나타날 수 있다. 또한 전세가 보합인데 매매가가 급등하는 경우는 가수요가 많이 붙어 거품이 끼고 있는 상태이다. 위험하다는 신호를 보내는 것이니 수익이 어느 정도 났으면 적당히 매도하는 전략을 펼쳐야 한다.

4. 매매가와 전세가가 정체될 때

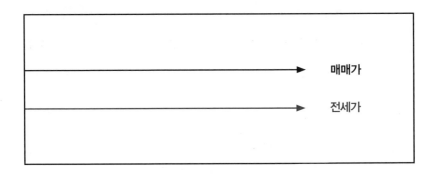

이 경우 이전의 모습이 상당이 중요하다. 상승 후 보합으로 이어진 것인지, 하락 후 보합인 것인지에 따라 선택이 달라질 수 있다. 상승 후 보합이 더 좋긴 하지만 하락 후 보합이라고 해서 크게 문제될 것은 없다. 가격이 정체 양상을 보일 때 가장 중요한 것은 얼마나 오랫동안 정체되고 있느냐는 것이다. 가격이 정체되고 있다는 것은 매년 물가 상승률만큼 상승을 하지 못해 저평가 상태로 진입하고 있는 것을 의미한다. 실거주인들은 관심을 가지지 않는 상황이지만, 투자자라면 이런 지역에 관심을 가지고 모니터링을 해야 한다.

이 부동산 확인하는 사이클 4가지를 요약하면 첫 번째, 매매가가 하락하지만 전세가 상승할 때는 바닥에 진입할 수 있는 시기이므로 조금 더 기다리는 여유를 가져라. 두 번째, 매매가와 전세가가 동반 상승할 때는 조금 늦었더라도 달리는 말에 올라타야 할 시기이다. 빠른 결정이 중요하다. 세 번째, 매매가는 상승하지만 전세가는 정체될 때는 욕심을 버리고 다음을 준비해라. 네 번째, 매매가와 전세가가 정체될 때는 기다리는 자에게 기회가 오는 시기이니 마음의 여유를 가지고 지속적으로 모니터링을 해야 한다. 물론 투자에 있어 이것뿐만 아니라 더 많은 지표를 확인하고 분석해야 할 많은 데이터들이 있지만 기본적인 타이밍이야말로 부동산을 사거나 팔 때의 시기를 저울질 하는데 정말 많은 도움이 되는 정보이다.

투자에는 기본원칙이 있다

주변에 보면 많은 직장인들이 투자 목적으로 부동산이나 주식 투자를 한다. 모든 투자에는 언제 사고, 언제 팔아야 하는지에 대한 기본적인 투자 원칙이 있다.

1. 반대로 하라

이는 정말 쉽지 않은 일이다. 그러나 많은 사람들이 YES라고 할 때 NO하라. 남이 가는 반대 방향으로 움직여라. 그리고 참고 기다려라. 투자는 조급하면 손실을 볼 수밖에 없다. 그러므로 투자는 꼭 여유 자금을 가지고 하는 것이 바람직하다.

2. 가격이 아닌 가치로 판단하라

투자는 매우 간단하다. 가격에 비해 가치가 낮은 것을 매입하고(가성비가 좋은 것을 매입), 가치에 비해 가격이 높아졌을 때 매도하라.(거품이 끼면 매도) "누가 이런 것을 모르냐?"고 반문하지만 그것을 알기 위해서는 부단한 노력과 공부가 필요하다. 그것이 어렵다면 믿을 만한 전문가의 조언을 구하는 것도 한 방법이다. 예를 들면, 도시의 대표 아파트가 저렴해지고 아무도 사려고 하지 않을 때, 혹은 공황으로 주식이 폭락했을 때, 이때 사는 것도 한 방법이다. 이는 쉽지 않은 결정이다. 그러한 공포 단계 속에서도 주관을 가지고 매입한 사람만이 승자가 된다.

3. 하락하는 시기에는 무릎에서 매수하고, 상승하는 시기에는 어깨에서 매도하라

최저점과 최고점은 신만이 알 수 있다. 어느 정도 저점이라고, 혹은 어느 정도 고점이라고 판단되면 결정해야 한다. 물론 많은 경험과 공부가 필요하다. 많은 과거 투자 서적을 통해 과거의 패턴이 어떠했는지 분석이 필요하다.

4. 인간은 합리적이면서 비합리적이다

인간은 합리적이나 탐욕을 가지고 있어 비합리적으로 변한다. 인간은 합리적이나 투자 심리가 공포 단계에 이르면 비합리적으로 변한다. 투자를 결정하는 것은 인간이 아니고 인간의 마음이다. 이때 상승장에서 욕심을 버리고, 하락장에서 이성적으로 판단을 하고 투자하면 성공할 수 있다.

5. 인간심리를 역이용한다

대부분 살 때 팔고, 팔 때 산다. 이는 군중심리를 역으로 이용하는 것이다. 이러한 무리의 인간 심리를 역으로 이용하면 투자에서 승리할 수 있다. 그리고 홀로 갈 때는 객관적으로 보고 판단할 수 있는 기다림이 필요하다.

위에서 열거한 기본 투자 원칙은 알면서도 지키기가 어려운 일이다. 그러나 부단한 노력으로 다른 사람들의 군중심리에 휩쓸리지 않고 본인의 뚜렷한 투자 판단이 생길 때까지 공부를 멈추지 말라. 투자는 정말 많은 부지런함을 요구하는 일이다. 주변에서 많은 부자들을 보게 되면 공통적으로 느낄 수 있는 부분은 다들 매우 부지런하다는 것이다.

부동산 투자 중심을 잡아라

"진짜 팔아야 할 시기는 언제인가?"

많은 사람들이 부동산 투자하면서 제일 많이 고민하는 질문이다. 모든 부동산은 매입 시기와 매도 시기의 중요성을 비교하면 매도 시기의 타이밍이 결코 매입 시기의 타이밍에 뒤지지 않는다. 특히 10년 이상 장기 투자로 100% 이상의 투자 수익률을 올리는 것을 목표로 하는 가치투자자라면 매도 타이밍은 더욱 더 중요하다. 진짜 사야 할 타이밍에 부동산을 자신만의 투자 원칙에 따라 샀다면 언제 팔아야 할지도 쉽게 할 수 있다.

진짜 팔아야 할 타이밍은 내 부동산의 가치가 시장 가격에 모두 반영되어 있고, 수명이 다한 부동산은 과감하게 처분을 해야 한다. 우리가 쉽게 알지 못하는 부동산의 수명은 복잡하게 생각하면 언제 부동산의 수명을 다했는지 더욱 알기 어렵다. 더 이상의 가치가 있는지, 알려면 우선 6개월째 가격의 변동을 보고 변동이 없으면 그 부동산은 호가이며 시장에서 좋아하는 부동산이 아니므로 과감하게 갈아타기를 해야 한다.

그 시기를 저울질하는 본인은 답답하겠지만 시세보다 비싸게 팔려면 아낌없는 노력을 해야 할 것이다. 인근 부동산 중개업소에 협상을 해야 한다. 수수료를 아끼지 말고 후하게 준다고 약속을 하면 확실하게 빨리 팔리는 부동산이 될 것이다. 부동산을 진짜 팔아야 할 경우는 구입을 잘못했거나 구입 목적과 다른 경우라면 팔아야 한다. 구입 목적이 맞지 않을 경우 팔아야 할 시기에 팔지 못할 경우에는 엄청난 투자 손실을 입을 수 있다. 대출이 많거나 가치가 떨어진 부동산을 계속 보유함으로써 좋은 부동산을 매입할 기회를 놓치게 되어 이중으로 손실을 보게 된다.

또 하나는 갈아타야 할 부동산을 선택해서 팔아야 하는 시기이다. 지금 가지고 있는 부동산보다 더 투자성이 있는 부동산이 무엇인지를 잘 생각해야 한다. 가끔 보유 부동산보다 투자 가치가 더 높은 부동산을 발견한 경우이다. 우리가 입고 있는 옷도 유행이 있듯이 부동산에도 시대적인 흐름이 있다. 그때 많은 심적 흔들림이 생기는데 그 이유는 본인의 투자 가치관이 확고하지 않아서 중심이 없기 때문이다.

시장과
싸우지 마라

부동산 정책 트렌드를 읽어라

세상의 모든 거래는 보통 3가지 주체가 관여한다. 첫 번째는 파는 주체, 두 번째는 사는 주체다. 파는 주체와 사는 주체가 거래에 응하면 대부분 거래가 성사되는데 물건의 규모가 큰 경우 중개상이라는 세 번째 주체가 들어가기도 한다. 고가의 예술품이나 무기 등도 중개상이 관여하는 것처럼 말이다. 그런데 부동산은 하나의 주체가 더 붙는다. 바로 정부다. 정부를 세금과 대출로 거래를 활성화하거나 규제를 하면서 조정을 한다. 따라서 부동산 투자를 할 때 정부의 눈치를 보지 않을 수 없다.

정권	기조	주요 대책
전두환	규제	분양가 상한제, 청약 저축, 분양권 전매 제한, 투기 과열 지구 제도, 토지 거래 신고제 도입
노태우	규제	토지공개념 3법, 공시지가 제도 도입, 종합 토지세 시행
김영삼	완화	부동산 실명제, 분양가 자율화, 양도세 및 전매제한 완화
김대중	완화	주택·건설 활성화, 주택 경기 활성화 대책, 주택 경기 활성화 자금 지원 방안, 건설 산업 활성화 방안, 건설 및 부동산 경기 활성화 대책
노무현	규제	주택 거래 신고제, 종합 부동산세 도입, 실거래가 신고 의무화, DTI 도입, 재건축 초과 이익 환수제 도입
이명박	완화	투기 과열 지구 해제, 고가 주택 기준 상향, 규제 지역 해제, 세금규제 완화, 토지 거래 허가 구역 해제
박근혜	완화	대출 규제 완화, 양도세, 취득세 면제, LTV, DTI 규제 완화, 공유형 모기지 확대
문재인	규제	규제 지역 확대, 新 DTI, DSR 도입, 재건축 안전 진단 강화, 민간택지 분양가 상한제 부활

대한민국의 부동산 정책은 크게 규제와 부양으로 나뉘는데 규제는 거래 규제와 금융 규제로 수요를 누르고 재건축 규제 강화와 부동산 개발 관련 대규모 대출인 '프로젝트 파이낸싱' 대출 강화로 공급도 줄일 수 있다. 부양은 이와 반대로 대출 규제를 줄이고, 세금도 줄인다. 신도시 개발로 공급 확대를 펴기도 한다. 역대 정부들은 규제와 부양 어느 쪽이든 정책을 펼쳐왔고 규제와 부양이 번갈아가며 반복해서 진행해왔다.

1990년대 초반으로 돌아가 보자. 노태우 정부는 1990년 '부동산 투기 억제 대책'을 발표했다. 그 이후 주택 가격이 폭락했다. 1기 신도시 발표와 함께 대대적인 공급이 이루어졌기 때문이다. 다음 김영삼 정부는 부동산 경기 회복을 위해 정책 완화를 펼쳤다. 특히 IMF 이후 경제 회복을 진행해야 했던 김대중 정부는 부동산 완화 정책에 집중했다. 규제 완화와 수요 증가는 주택 가격 상승을 불러왔다.

급격한 상승 이후 노무현 정부의 정책 기조 입장은 달라졌다. 2006년 이후 규제 중심의 정책을 펼쳤다. 그런데 이때 기이한 일이 벌어졌다. 규제 강화로 수요가 감소해 일시적으로 주택 가격 하락이 나타났다가 2006년부터는 규제 강화에도 부동산 가격이 상승했다. 이명박, 박근혜 정부는 노무현 정부 이후 하락된 부동산 가격을 되살리기 위해 완화 정책을 펼쳤다. 특히 이명박 정부는 지방의 미분양 주택 해소를 위해 한시적으로 취등록세 50%감면을 내걸고 양도세 부담도 획기적으로 줄였다. 수도권의 수요는 감소한 반면 지방의 수요는 증가해 수도권 침체, 지방 주택 회복으로 이어졌다.

국내 부동산 시장은 2014년이 되어서야 장기 침체에서 벗어나게 되었다. 박근혜 정부에서는 대출 규제도 많이 줄고 각종 부양책 덕분에 2015년 이후 부동산의 상승 추세가 나타났다. 문재인 대통령은 2017년 6월부터 20여 차례의 부동산 시장 안정화 정책을 발표하였으나 집값 안정화에 영향을 미치지 못했다. 위에서 살펴본 바와 같이 정부는 부동산 시장에 큰 영향을 미치지만, 그렇다고 시장이 정부의 의도대로 흘러가지 않는다. 그렇다면 투자자는 정부 정책에 대해 어떤 시각을 가져야 할까? 나는 최소한 비판과 비난에 매몰되어서는 안 되고 정부의 의도가 어느 방향으로 흐르고 있고, 이것이 시장에 어떤 영향을 미칠지를 예상하고 확인하는 것이 필요하다. 투자자는 가장 먼저 부동산 정책의 방향을 읽어야 한다. 정책 환경에 영향을 받는 만큼 반드시 체크해야 한다. 정부의 정책이 일으키는 바람의 방향을 읽을 수만 있다면 단기간에 자본을 굴릴 수 있는 방법이 나올 수도 있다.

아울러, 정부 정책의 한계도 인지해야 한다. 정부의 정책은 항상 후행적일 수밖에 없다. 정부가 선제적으로 일어날 일들을 규제하기 시작하면 거래도 침체되고 국민적 정서에도 나쁜 영향을 미칠 가능성이 높아진다. 결국 정책 이후를 대응하는 후행적 전략으로 갈 수밖에 없다. 이런 패턴을 숙지한다면 정책 이후 나타날 틈새시장도 쉽게 발견할 수 있다. 문재인 정부에서 부동산은 오랜 기간 상승장을 이어갔다. 정부는 규제를 계속 강화를 하였음에도 시장은 달아올랐다. 많은 규제로 인해 똘똘한 한 채에 대한 선호도가 높아짐에 따라 서울의 집값은 더 오르게 되었다. 그 사이 수도권 내 비인기 지역과 지방 부동산은 침체되었다.

정부의 부동산 정책은 규제와 완화를 반복한다. 고로 현 정부가 규제를 한다고 해서 다음 정부도 그리리라는 법은 없다. 정부가 원하는 가장 바람직한 부동산 시장은 큰 등락 없이 서서히 가격이 올라가는 것이다. 시장이 과열되면 열기를 식히려 하지만, 침체 신호가 감지되면 언제 그랬냐는 듯 부양책을 내놓기 마련이다. 과열 시장에서 정부는 대출을 규제해 부동산 구입을 어렵게 한다. 투기 지역 지정과 보유세와 양도세 인상도 주요 카드다. 모두 시장이 고점으로 가고 있다는 사인이다.

반대로 침체기에 빠지면 정부는 규제를 풀고 주택구매를 장려한다. 정부는 안정화를 꾀하지만 침체를 바라지는 않는다. 경기 둔화가 나타나면 건설사가 힘들어지고 노동자도 힘들어진다. 가격 폭락으로 시민들까지 피해를 볼 수 있다. 세금으로 먹고 사는 정부도 어려워지기는 마찬가지다. 따라서 정부가 부양책을 내놓을 때는 시장이 저점이라는 신호로 읽어도 무방하다.

정부의 정책을 분석을 해보면 지금 투자를 해도 되는지, 관망을 해야 하는지를 알 수 있다. 또 어느 부동산에 투자해야 하는지도 답을 찾을 수 있다. 흔들리지 않고 자신만이 부동산을 객관적으로 꿰뚫어 볼 수 있는 통찰력과 투자의 시기에 실행에 옮길 수 있는 결단력이 있다면 분명 높은 성과를 얻을 수 있을 것이다.

- 06 -

1,000만 원으로
부동산 투자 시작하기

소액으로 시작하라

"가난하게 태어난 것은 당신의 실수가 아니다.

그러나 죽을 때도 가난한 것은 당신의 실수다."

– 빌 게이츠 –

많은 사람들이 재테크를 하는 이유는 경제적인 자유를 얻기 위함이다.

그러나 처음부터 누구나 종잣돈이 풍부하지는 않다. 부자 부모를 만나지

않고서는 대부분의 사람들이 사회생활을 시작하면 쥐꼬리만큼 적은 월

급을 꼬박꼬박 모아 종잣돈을 마련하는 것이다. 그러나 그 종잣돈을 모으기만 하고 투자를 하지 않으면 처음에는 큰 차이를 보이지 않지만 시간이 지난 후에는 투자를 한 사람과 그렇지 않은 사람이 모은 부의 크기는 차이가 엄청나다. 종잣돈이 많지 않거나 소액으로 부동산을 투자를 하려는 분, 또는 사회초년생으로 돈이 많지 않은 젊은이들도 투자해야 한다. 내가 설명하려는 이 투자 방법은 부동산 투자 초창기에 사용했던 방법이다. 부동산 투자를 시작한 이후에도 지속적으로 계속 했던 방법이기도 하다. 특히 사회에 첫 발걸음을 내딛는 사람이나 1,000만 원 이하의 종잣돈을 가지고 있는 사람들한테 도움이 될 것이다.

많은 사람들이 우리나라 강남아파트 가격이 평당 1억 원에 달했다는 소식을 종종 뉴스를 통해 들었을 것이다. 보통 사람들이 아파트를 생각할 때 3억, 5억, 10억, 15억, 30억 아파트들만 있다고 생각한다. 그러나 당신은 우리나라에 3,000만 원에서 7,000만 원 정도의 아파트가 있다는 것을 알고 있는가? 눈을 조금만 지방으로 돌리게 된다면 3,000만 원에서 7,000만 원 정도의 아파트들도 굉장히 많다는 것을 알게 될 것이다.

부동산투자 초기에 수도권에서 가까운 거리에 있는 오산 쪽에 빌라를 투자하기 시작했다. 그런데 빌라를 살아본 사람들은 알겠지만 빌라를 임대용으로 갖고 있다는 것은 상당히 신경이 많이 쓰이는 일이다. 관리를 하는 주체가 없어서 전기 요금이라든지 상하수도 요금 등 각종 공과금이 우편함에 꽂혀 있게 된다. 기존에 살던 임차인이 집을 나가고 다음 임차인이 들어오게 되는 그 사이 기간, 한 달이든 두 달이든, 공실이 생겼을 때 집주인인 내가 직접 관리를 해야 하는 상황이 생기게 된다.

이런 우편함에 꽂혀 있는 공과금들을 처리하는 것이라든지 그 외 모든 것들을 집주인이 해결을 해야 한다. 처음에는 그 임대를 놓고 있는 빌라가 한 개나 두 개 정도 될 때까지는 괜찮았는데 직장을 다니는 상황에서 그런 물건들의 수가 많으면 관리를 하기가 쉽지 않다.

직장생활에 지장을 주지 않는 방법을 찾아보기 시작했다. 그때 찾은 답이 소형 아파트이다. 경기도 외곽에 빌라 시세 가격으로 살 수 있는 아파트가 있나 찾아보기 시작했다. "두드려라. 그러면 열릴 것이다." 성경에 나오는 말이다. 실천을 강조하는 뜻일 것이다. 계획만 하고, 실행하지 않으면 아무런 결과도 나오지 않는다. 그 결과 지방의 위성도시에는 3천 만 원에서 7,000만 원 정도 되는 아파트들이 많이 있었다. 내가 빌라에서 소형 아파트로 투자 대상을 바꾼 가장 큰 이유는 관리 문제였다. 아파트는 아무리 규모가 작아도 관리사무소가 있고, 전기료나 수도 요금을 관리사무소에서 전체적으로 정리하고 내가 직접 가지 않아도 관리사무소와 전화 통화 한 통으로도 해결을 할 수 있는 부분들이 많다.

또 아파트의 경우는 주변에 인프라가 어느 정도 갖추어져 있어서 그 아파트 단지로 들어가고 싶어 하는 임차인들이 많기 때문이다. 아파트에는 보통 아파트 상가가 있고 그 상가 1층에는 어김없이 중개사 사무소들이 있다. 한 번 내려가서 그 부동산 사장님들과 안면을 익힌 후에는 그 중개사 사무소에 의뢰해서 전세 계약이라든가 공과금 정리라든가 이런 부분들을 의뢰할 수 있어서 관리 측면에서 굉장히 유리한 점이 많이 있다. 그래서 나는 지방의 위성도시 소형 아파트에 투자를 하기 시작했다. 처음 구입한 소형 아파트 가격이 5,500만 원이었다. 중개사에게 협상을 하여 최대한 금액을 깎아서 5,200만 원까지 가격을 내렸다. 대출은 3,600만 원이 가능했다. 월세가 보증금 1,000만 원에 월 30만 원 시세가 형성되어 있었다. 집을 산 이후 200만 원을 들여 도배, 장판, 싱크대 수리 등 자잘한 인테리어 수리를 한 후 월세를 내놓으니 금세 세입자를 구했다.

투자 금액

- 매입 금액 : 5,200만 원

- 담보 대출 : 3,600만 원

- 인테리어 : 200만 원

- 보증금 : 1,000만 원 / 30만 원

- 실 투자비 : 800만 원

한 달에 대출 이자가 9만 원이었다. 결국은 800만 원 투자를 해서 매달 21만 원씩 벌게 된 것이다. 이것을 1년 수익으로 계산을 하게 되면 252만 원이 되고 연 수익률로 계산을 하게 되면 31.5%의 수익률이 된다. 이런 식으로 지방으로 눈을 돌리면 적은 돈으로도 투자가 가능한 부동산은 많다. 부동산 투자는 지역구가 아니고 전국구이다.

부자가 되고 싶은 마음은 누구나 같을 것이다. 막연한 꿈이 아니라 노력을 하면 나는 반드시 성공하리라 믿었다. 결심을 하고 제일 먼저 한 것이 독서였다. 재테크 관련 서적 코너에서 책을 사서 닥치는 대로 읽어 나갔다. 부자들은 어떤 생각을 하는지 궁금했고, 어떻게 하면 부자가 될 수 있는지 답을 찾으려고 정말 많은 노력을 했다. 그런데 그 책들에서 하는 공통적인 성공의 원칙은 꿈을 포기하지 않고 자신이 좋아하는 일을 꾸준히 하는 것이다. 긍정의 마인드를 가지고 자신의 꿈을 향해 노력을 하는 것이 바로 부자들의 공통된 성공 비결이었다.

누구나 자신이 생각했던 꿈이 있을 것이다. 그것이 큰 꿈일 수도 있고 작은 꿈일 수도 있다. 회사에서 임원으로 승진하는 것이 꿈인 사람은 그 꿈을 향해 부단히 노력을 하면 결국에는 임원이 될 것이다. 자신이 원하는 가게를 열어 창업을 하고 싶은 사람이라면 창업에 관한 준비를 꾸준히 하면 언젠가는 가게를 가지게 될 것이다. 마찬가지로 부동산 투자도 자기가 되고 싶은 자신의 모습을 꿈꾸고, 차곡차곡 종잣돈을 모으고 투자 기법을 하나씩 하나씩 늘려가면 부자의 길로 접어들게 될 것이다.

꿈이 정말 중요하다. 꿈이 없는 사람은 절대로 부자가 될 수 없다. 우리 주변을 둘러봐도 꿈이 소박한 사람은 과거에도 평범한 삶을 살았고, 앞으로도 생각이 바뀌지 않는 한 삶은 바뀌지 않을 것이다. 평범하게 산다는 것을 무시하는 것은 아니지만 아끼고 열심히 산다하더라도 삶에 큰 변화는 기대할 수 없는 것이 요즘 이 사회의 현실이다. 그러므로 꿈을 명확히 하고 부단한 노력을 해야 특별한 삶을 살 수 있다.

소액으로 가능한 최고의 재테크는 경매이다

"코로나19 등 계속된 경기 침체의 여파로 울산 지역 경매 물건이 10년 만에 최고치를 기록했습니다. 법원 경매 정보 사이트 통계에 따르면 지난달 울산 지역의 경매 진행 건수는 모두 377건으로 지난해 같은 달보다 두 배 가량 늘었습니다."

TV를 보고 있는데 부동산 경매에 관련된 뉴스가 들렸다. 이는 주력 산업의 경기 침체로 가계 소득이 감소하고 있는데다 코로나19 사태로 실물 경기도 크게 악화되고 있기 때문이다. 이렇게 경기가 어려울 때는 경매 물건이 많이 나오므로 오히려 더 좋은 기회가 될 수 있다. 경매 진행이 예정된 물건과 공매 물건까지 합친다면 그 숫자는 더 많이 늘어난다. 경매 시장의 경쟁이 치열하다고 한탄할 것이 아니라 긍정적 사고를 가지고 될 때까지 꾸준히 하는 노력이 더 중요하다.

긍정적인 사고를 가져야 결과도 더 만족스러운 결과를 얻을 수 있다. 적은 돈으로 투자를 해서 경제적 자유를 얻는 제일 좋은 방법은 부동산 경매라고 감히 얘기할 수 있다. 부동산 경매를 통해서 많은 사람들이 경제적 자유를 달성했다. 처음에는 주거용 아파트, 주택 등으로 시작을 하다가 점점 더 공부를 해서 업무용 부동산을 경매로 매입하여 임대 수익을 받는다. 그러다 점점 더 큰 자산을 형성하게 하게 되는 것이다. 주변에도 늦게 시작했지만 적극적이고 창의적인 생각으로 단기간에 많은 부를 쌓은 사람들이 있다.

부동산 경매는 처음에는 호기심으로 들어와서 하다가 대부분 1~2년 안에 그만두고 떠나는 사람들이 많다. 생각보다는 많은 정성을 들여야 하고 부지런해야 한다. 어떻게 부를 이루든 부자들의 공통된 특징은 다들 부지런하다는 것이다. 세상 다른 일도 마찬가지이겠지만 특히 경매는 부지런해야 더 많은 낙찰을 받을 수 있고 높은 수익을 기대할 수 있다.

직장인들은 시간적인 여유가 많지는 않겠지만 주말에도 임장을 나가고 가격조사도 하고 지역분석도 하면서 적은 돈으로 경매를 시작하면서 집중적인 학습과 부지런한 실행력이 뒷받침된다면 단시간 안에 부의 추월차선에 올라타게 될 것이다.

레버리지를
활용하라

과도한 레버리지는 실이 되지만 적당한 레버리지는 득이 된다

부동산을 순수하게 본인의 자금만으로 매입할 수 있는 사람은 몇 명이나 될까? 현재 자본금이 풍부하든 부족하든, 실제 거주를 위해서든 투자 목적이든, 부동산을 구입해서 수익을 얻고자 하는 마음은 누구나 똑같다. 그리고 되도록 적은 돈으로 많은 수익을 내기 위해 임대 보증금을 활용하거나 대출을 받는 것이다. 은행의 대출을 지렛대 삼아 투자에 투입되는 자기 자본을 줄이면서 수익률을 높이는 효과를 '레버리지 효과'라고 한다. 대출을 잘 활용하면 수익률도 좋아지고, 남은 돈으로 또 다른 투자도 가능하므로 투자에 있어서 매우 중요한 방법 중 하나다. 그러나 우리 주변에는 대출을 극도로 꺼리는 사람이 많다. 부동산 투자하면서 대출을 받지 않은 경우와 대출을 받아 레버리지 효과를 본 경우를 비교해보자.

직장인 A는 3억 원인 아파트를 보증금 6,000만 원에 월세 100만 원으로 임대하는 조건으로 구입했다. 이때, 대출 없이 자기 돈으로만 구입하여 매매가 3억 원에서 보증금 6,000만 원을 제한 2억 4,000만 원이 최종 투입 금액이다. 그리고 A는 매월 100만 원의 수익을 얻게 된다.

순수 자기 자본 투자 수익률

– 아파트 전체 가격 : 3억 원

– 수입 : 연 1,200만 원

– 보증금 : 6,000만 원

– 자기 자본 : 2억 4,000만 원

– 월세 수입 : 100만 원

– 자기 자본 대비 수익률 = 5%

– 수익률 = (1,200만 원 ÷ 2억 4,000만 원) × 100

이 경우 자기 자본 대비 수익률은 5%이다. 최근 예금 금리가 연 1%대라는 것을 감안하면 꽤 높은 수익률이다.

만약 경매를 통해 아파트를 낙찰을 받은 경우라면 보통 70~80%까지 '경락 잔금 대출'이 가능해 레버리지 효과를 크게 볼 수 있다. 다음 직장인 B를 보자. B는 3억 원에 낙찰을 받은 후, 은행에서 낙찰가의 70%인 2억 1,000만 원의 대출을 받고 자기 자본금 9,000만 원을 투자했다. 대출금 2억 1,000만 원에 대한 금리를 3%로 가정하고 계산을 해보면, 매월 525,000원(=2억 1,000만원 × 0.03 ÷ 12개월)의 이자가 발생한다.

앞의 예와 마찬가지로 이 집을 보증금 6,000만 원에 월세 100만 원으로 임대하면 자기 자본은 3,000만 원밖에 들지 않는다. 이때 투입한 자본이 적어 수익률은 높아진다. 이러한 투자 방법을 '갭투자'라고 하는데, 투자자들 사이에서 거의 모르는 사람이 없을 정도로 많이 알려진 투자 방법이다.

대출 활용 투자 수익률

– 아파트 전체 가격 : 3억 원

– 수입 : 연 1,200만 원

– 보증금 : 6,000만 원

– 자기 자본 : 3,000만 원

– 대출 활용 : 2억 1,000만 원

– 월세 수입 : 100만 원

- 자기 자본 대비 수익률 = 40%

- 수익률 = (1,200만 원 ÷ 3,000만 원) × 100

위 사례를 통해 본 바와 같이 대출을 받지 않는 경우보다 대출을 활용할 때 수익률이 훨씬 높다. 더구나 대출을 받지 않고 한 채의 부동산 투자에 2억 4,000만 원이나 되는 큰 돈이 추가로 투입되어 투자할 여력이 없지만, 대출을 받은 경우에는 다른 부동산에 투자가 가능하다. 이제는 저금리 시대에다가 유동성이 풍부해서 대출을 이용해 레버리지 효과를 이용한 투자는 이제 투자의 기본전략이다. 그래서 요즘 많은 젊은 직장인들이 갭투자에 열광한다.

젊어서 모아야 노후가 편하다

부동산을 처음 시작하는 분들 중 진짜 아무것도 모르고 하는 사람들도 있을 것이다. 그러나 지금은 평생 직장의 개념이 사라진지 오래인 관계로 자기 자본을 증식하기 위한 노력은 각자 알아서 스스로 해야 한다. 보통은 사회생활을 하거나 결혼 준비를 하면서 부동산을 접하는 사람들이 많다. 처음 결혼하고 자가를 마련하는 것이 부유한 부모님을 만난 사람들은 쉽게 좋은 부동산을 살 수 있으나 필자와 같은 대부분의 서민은 많은 돈이 없다. 따라서 일단 집을 살 수 있는 최소한의 종잣돈을 모으기 위해 노력해야 한다.

이 기간을 최대한 줄이는 것이 빨리 부동산으로 부를 이루는 길이며, 이 기간에 부동산 책이나 세미나에 참석해 견문을 넓히는 것이 중요하다. 특히 세미나에 가서 강의를 직접 들어보는 것이 자신의 성장을 키우는데 아주 중요하고 종잣돈이 생겼을 경우 바로 가치 있는 부동산을 매입할 수 있는 역량이 생긴다. 처음 이 기간이 가장 힘든 시기이며, 이때 편안함을 포기해야만 하는 경우도 생긴다. 처음이 어렵긴 하지만 이 단계가 제일 중요하다.

종잣돈이 생기면 최대한 젊을 때 집을 구매하라. 내가 생각하는 자가의 개념은 실거주도 자가이고 투자도 자가이다. 즉 자신의 명의로 된 집을 자가라고 생각하는데, 실거주든 투자든 최대한 젊은 시절에 하는 것이 맞다. 실제로 좋은 집이든 좋지 않은 집이든 자신이 실제로 구입을 해봐야 관심이 생기고 이에 대한 대처 능력 등이 실력으로 늘어나기 때문이다. 따라서 내가 현재 처한 상황에 맞게 투자든, 실거주든 최대한 자가 물건을 한번 매매하여 소유하는 것이 좋다.

종잣돈이 어느 정도 생기면, 최대한 레버리지를 이용한 투자를 하는 것이 좋다. 대출은 미래의 자산을 현재에 미리 사용하는 것이다. 그만큼 더 큰 종잣돈을 모을 시간과 부동산이 높은 가격으로 날아가버릴 시간을 잡아주는 아주 큰 역할을 한다. 따라서 레버리지 활용은 필수다.

이 과정을 통해 투자자 마인드가 형성이 된다. 투자 세미나에 가면 제일 많이 듣는 것이 투자자 마인드이다. 투자자 마인드 강의를 들었더라도 실제로 행동하는 것은 다른 차원의 일이다. 일단 한번 행동으로 실천을 해보게 되면 거기에는 나타나는 대출의 부담이 실제 그렇게 크지 않고 감내할 만하다는 것을 알게 된다. 이를 통해 투자자 마인드 확립이 견고해지므로 레버리지 활용은 정말 중요하다.

집을 처음에 구매할 때 많은 사람들이 실거주용 집을 구매한다. 이러다 보니 대출을 갚을 생각만 하고 자신의 부동산에 큰 관심을 가지지 못하는 경우가 많다. 적은 금액으로 처음 집을 사서 시작할 때, 입지가 좋은 지역에 전세 레버리지를 이용한 갭투자로 집을 구매하고 자신의 실거주는 최대한 싼 집에서 거주하는 것이 자산을 키울 수 있는 가장 좋은 방법이다. 특히 사회 초년생의 경우 결혼을 하지 않았다면 부모님 집에 얹혀살면서 실제 자산의 부동산에 투자하게 되면 주거 비용을 아끼므로 부동산을 통한 시세 상승과 또한 종잣돈을 더 크게 키울 수 있으므로 적극 추천한다.

신혼부부의 경우 전세로 새로 지은 아파트에 들어가는 경우를 많이 보게 되는데 조금 안타까운 생각이 든다. 물론 처음 결혼 생활을 하니 깨끗한 집에서 시작을 하고 싶은 마음은 이해를 한다. 그러나 이 투자를 할 수 있는 종잣돈을 2년 동안 묶이게 되므로 기회비용이 발생한다. 그러기보다는 빌라나 원룸 또는 오래된 아파트에서 생활하는 것이 투자 측면에서는 훨씬 더 유리하다. 이 시기가 물론 다른 사람들에게 보일 때는 창피하고 부끄러울 수 있지만 훗날 나중에 아이가 생겨 가족이 더 늘어나 정말 좋은 환경을 필요로 할 때 옮기는 것이 더 현명하다. 즉 지금의 불편함을 조금만 감내해내면 나중에 더 큰 쾌적한 환경을 제공받을 것이다. 젊었을 때 고생을 할 것인지 아니면 늙어서 고생을 할 것인지를 선택하는 것은 본인의 몫이다.

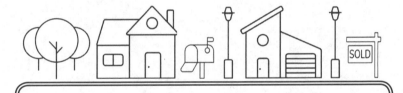

3장

부동산 투자는
스펙이 부족해도 괜찮다

지독한 끈기와 인내만이
노력에 보답해준다

성공의 비결은 끈기와 인내력이다

"남보다 좋은 계획을 세우고 그것을
실천하는 사람이 훌륭한 사람이다."

− 라 로슈푸코 −

필자는 실패와 좌절도 있었지만 포기하지 않고 끊임없는 도전으로 꿈
이 하나씩 완성되고 있다. 누구나 가능하지만 계획은 아주 구체적이고
실천 가능한 것이어야 한다. 계획을 세우고 작심삼일 만에 끝나는 사람

들이 많다. 그 원인은 절실하지 않기 때문이다. 절실하지 않으니 끈기와 인내력이 생기지 않는다. 부자가 되고 싶은 마음이 절실해야 한다. 자나 깨나 누워서나 일어서나 항상 머릿속에 부자에 대한 꿈과 열정이 가득 차 있어야 한다.

철저한 계획을 세웠으면 그대로 실천하면 된다. 1년 안에 1억 원을 버는 것이 목표라면 회사원의 경우 월급만으로는 그 목표를 달성하기 어려우므로 투잡을 하거나 다른 사업거리를 찾아야 한다. 회사를 다니면서 부동산 사업을 겸할 수도 있다. 부동산을 기본적으로 공부하고 경험을 해보면 전문성이 쌓여갈 때쯤 많은 사람을 만나게 되고 이렇게 자연스럽게 많은 고급 정보를 접하다 보면 자연스럽게 돈이 흘러들어오게 된다. 어떤 사업을 할 것인지 구체적인 계획을 세웠으면 당장 할 수 있는 것부터 움직여야 한다. 적은 비용이나 무일푼으로 할 수 있는 사업 아이템을 찾아내고 사업 계획을 세워야 한다. 그러기 위해서는 시간 나는 대로 정보를 입수하고 사방으로 알아봐야 한다. 직장인이니깐 "시간이 없어서……."라는 말을 하면 안 된다. 회사를 다니면서도 얼마든지 별도의 사업이 가능하다. 돈이 없어도 할 수 있다.

세상은 스스로 생존해야 한다. 삶은 어떻게 보면 '레버리지를 이용할 것이냐?' 아니면 '레버리지 당할 것이냐?' 이 둘 중 하나를 선택하는 것일지도 모른다. 다른 사람들이 만들어놓은 시스템 안에 직원으로 채용되어 다람쥐 쳇바퀴 돌듯이 매일 똑같은 일상을 살다보면 자신의 진정한 삶의 욕구가 무엇인지 모른다. 레버리지 당하지 않기 위해서는 성공을 해야 하는데 필자는 성공을 하기 위해서 가장 중요한 마음가짐은 끈기와 인내라고 생각한다. 하지만 끈기와 인내는 생각보다 쉽지 않다.

부동산 투자이건 주식 투자이건 간에 성공을 하기까지는 오랜 시간과 기다림이 필요하다. 한치 앞도 모르는 미래에 대해 꾸준함을 가지기란 쉽지 않기 때문이다. 생각했던 것보다 성과가 나오지 않거나, 불확실한 공포에 목이 졸리면 눈앞에 아른거렸던 성공이 신기루처럼 사라져버릴지도 모를 일이다. 물론 본인도 모르게 말이다. 그러면 우리는 성공까지 가기 위한 끈기와 인내를 어떻게 키울 수 있을까? 정답은 없겠지만, 필자는 포기하고 싶고 회의감이 드는 순간에는 책을 본다. 그러면 포기하고 싶었던 마음도 점차 없어지게 된다. 투자 마인드를 갖추기 위해서는 책을 보는 것을 적극 추천한다.

"오래 엎드린 새는 반드시 높이 날며 먼저 핀 꽃은 홀로 먼저 시든다. 이 이치를 알면 발을 헛디딜 근심을 면하고 초조한 마음을 없앨 수 있다."

출처 : 『채근담』후집 제 77장

성과가 쉽사리 나지 않는다면 사람은 조급함과 초조함을 느끼게 된다. 이러한 조급함과 초조함은 당연한 일이다. 그러니 당황하지 말고 받아들이는 것이 우선이다. 설령 쉽사리 성과가 나지 않더라도 향후에는 더 큰 결과로 보답을 받게 것이니 걱정하지 마라. 노력 없이 이룬 것만큼 보잘 것 없는 가벼움은 없다. 시련과 고난에 오히려 감사하는 자세를 가져야 한다. 순간의 열정은 뜨겁겠지만 쉽게 무뎌지고 지속가능하지 않다. 순수한 열정을 가지고 끈기와 인내로 버텨낼 수 있다면 누구나 성공할 수 있다.

> "99도까지 온도를 올려놓아도 마지막 1도를 넘기지 못하면
> 물은 영원히 끓지 못한다. 물을 끓이는 것은 마지막 1도이다.
> 포기하고 싶은 바로 그 1분을 참아내는 것이다."
> – 김연아 전 피겨스케이팅 선수 –

우리나라를 빛낸 스포츠 스타 중 한명인 김연아 전 피겨스케이팅 선수가 한 말이다. 이런 노력이 있었기에 그 자리에 오른 것이 아닌가 생각한다. 우리의 삶도 마찬가지다. 가장 힘든 그 순간을 참지 못하면 결국 물을 끓이지 못하는 것이다. 가장 힘든 1도 이지만 그걸 참으면 '끓는 물(성공)'이 되는 것이고, 1도를 포기해버리면 '그냥 따뜻한 물(실패)'로 남겨지게 되는 것이다.

아무리 노력을 해도, 최선을 다했는데도 되는 일이 없다고 생각이 들어 너무 힘들 때 긍정적인 말로 스스로를 위로하는 것이 물론 필요할 때도 있다. 그러나 때로는 그런 긍정적인 말들이 독이 될 때도 있다. 나 스스로 안주하게 만들기 때문이다. 실제로 많은 사람들이 변화를 어려워하는 이유도 이런 이유이다. 스스로에게 관대하기 때문이다. 이젠 스스로에게 엄격해져야 한다. 그래야 성공할 수 있고 부자가 될 수 있다. 지금 내가 원하는 목표를 이루지 못하는 것은 1도의 어려움을 넘지 못했기 때문일지도 모른다. 오늘은 내가 넘지 못하고 있는 1도가 무엇인지 알아내서 끓이는 하루가 되길 빈다. 그 조그만 차이가 성공과 실패로 나뉜다.

부동산의 가치를 보는
안목은 빌릴 수가 없다

변화를 포착하고 계획을 업데이트하라

세상에 일어나는 모든 현상에는 원인이 있다. 좋은 부동산, 나쁜 부동산도 마찬가지다. 하늘에서 좋은 부동산이 뚝 떨어지는 것도 아니고 갑자기 부동산이 나빠지는 경우도 많지 않다. 주변에 영향력이 큰 부동산이 들어오지 않는 한 변화는 대부분 서서히 그리고 조용히 찾아온다. 그 기회를 포착하는 것은 본인의 주의력과 관심뿐이다. 서울에서 요즘 젊은이들이 가장 많이 모이는 홍대 역시 부동산의 가치 상승이 천천히 진행되었다.

지금이야 클럽과 유흥, 패션, 문화를 섞어놓은 복합 상권으로 변했지만 80년대만 하더라도 홍대 주변은 일반 대학가 상권에 불과했다. 그러다 1984년 지하철 2호선이 개통되고, 1990년대 초반에 압구정을 이용하던 신세대들이 새로운 문화를 찾아 홍대 쪽으로 모이면서 오늘날 젊음의 상징과 같은 곳이 되었다. 이후 인천국제공항철도와 경의선이 개통되면서 홍대역은 삼중 역세권이 되면서 유동인구가 더 늘어나게 되었다.

　　일반 대학가 상권에서 현재 초광역권으로 만들어지기까지 20여 년의 시간이 소요됐다. 만약 80년대 초반으로 돌아가 홍대에 투자를 했다면 지금쯤 그 가치는 몇 배가 되어 돌아왔을 것이다. 물론 우리는 과거로 되돌아갈 수는 없다. 이처럼 상권의 변화는 가늠하고 선점할 수 있는 실행력이 있다면 투자 수익률은 극대화된다. 도심은 마치 살아있는 생물과 같다. 항상 변화하고 진화를 한다. 그러한 변화를 인지할 수 있는 노력이 필요하다. 우리는 사실 많은 정보를 인터넷을 통해 쉽게 얻을 수 있다. 각종 도심 개발 계획과 교통의 변화에 대한 다양한 정보를 얻을 수 있다. 그리고 신도시나 택지 지구도 개발 계획 지도만 보면 어느 정도 상권의 변화를 예상할 수 있다. 이를 통해 도심이 상권이 활성화 되는 시기나 방향을 예상할 수 있다.

　　필자는 구도심보다는 이제 막 조성되기 시작하는 신도시의 부동산을 선호하는 편이다. 처음에는 신도시의 가능성을 높이 평가하지 않아서 낮은 프리미엄이 형성되어 있다. 그 때가 가장 투자하기 좋은 시점이다. 특히 이 시기에는 상가 물건의 경우는 급매나 경매 물건이 많이 쏟아지는데 이것을 잘 선별해서 매입한 뒤 2~3년 정도 기다리면 상권이 안정화되는 시점에 매도를 하면 수익률이 극대화 된다.

그러나 신도시도 모두 같은 패턴을 보이는 것은 아니므로 주의를 요한다. 신도시는 넓게 보면 1기 신도시, 2기 신도시, 택지 지구, 산업단지형 신도시까지 범위에 포함시킬 수 있다. 하지만 상권으로 접근할 때에는 특징이 조금씩 다르다. 특히 1기 신도시와 2기 신도시는 개발 배경이나 건설 단계의 성격은 비슷하나 상권은 다른 양상을 보이고 있다. 1기 신도시는 대략 1995년을 전후로 입주하면서 상권이 형성되기 시작했다. 초기 상권은 배후 단지, 서울과 연결된 대중교통편이 있는 곳이 중심이었다. 이후 대규모 쇼핑시설들이 입점하면서 근처 상권을 함께 견인하며 발달했다.

2기 신도시는 회사와 주거지가 서로 인접한 곳에 있는 형태를 띠고 있는 직주 근접을 기본적으로 갖추고 중소형의 산업 단지가 인접해 있다. 대표적으로 동탄1기 신도시는 삼성전자가 신도시와 인접해 있으며, 판교는 벤처 타운인 판교디지털단지가 자리 잡고 있어서 주거와 상권의 기본

배후 요건을 갖추고 있다. 2기 신도시 상권의 가장 큰 특징은 1기와 다르게 위락 및 유흥시설의 입주가 일부 신도시에 한해 제한적으로 가능해 주로 쇼핑과 근린 생활과 교육 및 식음료 상권이 번성한다는 것이다. 그리고 점포형 상가 주택 상권이 발달하여 카페나 먹을거리가 모인 지역이 많다.

운정 신도시나 김포 신도시 같은 경우에는 배후 세대가 입주 초기 단계라 상권도 제대로 모습을 갖추지 못하고 상권의 시작 단계인 근린 생활 업종 위주로만 발달되어 있다. 이런 신도시 상가는 초기 높은 분양 가격 때문에 임대인들이 자금 압박을 견디지 못해서 급매나 경매로 물건이 지속적으로 나오고 있다. 하지만 장기적인 관점에서 좋은 부동산을 가려낼 수 있다면 저렴하게 취득한 후에 상권이 활성화된 시점에 매도를 하게 되면 큰 수익을 내게 된다.

그런 이유로 이미 성숙된 구도심의 상권보다는 신도시 상권이 초보자들에게 접근하기 더 좋다고 하는 것이다. 신도시 상권은 초창기에는 주거지 중심으로 근린 생활 상권이 형성된다. 그 이후 차츰 시간이 지나면서 대형 쇼핑 시설들이 본격적으로 들어서기 시작한다. 그러면 기존 상권이 쇠퇴하고 새로 형성된 지역을 중심으로 확산된다. 즉 초기에는 일부 지역에 집중화되는 경향이 있으나 이후 상권이 급속도로 성장하게 되면 상권이 차츰차츰 분산되는 현상을 보인다. 물론 모든 신도시가 이런 패턴을 따르는 것은 아니다. 주거용 신도시의 경우는 면적의 한계로 분산 개발이 어려운 관계로 기존 상권의 영향력이 지속되는 곳도 있다.

단계	특징	임대료 권리금	투자 타이밍
① 유입 단계	도시 건설 상가 주택 건설	가장 낮음 권리금 없음	
② 가속화 단계	도시 건설 지속 대형 판매 시설	초기 대비 상승 선별적 권리금	최적 매수시기
③ 활성화 단계	상권 형성 대형마트 입점	높음 권리금 있음	
④ 분산 단계	거점 상권 형성	상권별 차등 차등적 권리금	최적 매도시기
⑤ 쇠퇴 단계	시설 노후화 이용 빈도 감소	임대료 하락 권리금 하락	

최근 부동산 시장 상황이 급변했다. 부동산 시장 규제로 과열을 잡겠다는 강한 의지가 보인다. 이런 급변하는 상황에서는 가치를 판단할 수 있는 능력이 필요한 때이다. 최근 잇따른 정부 규제로 시장이 급변한 만큼 상황에 따라 대처하는 능력을 기르는 것이 선행돼야 한다. 역대 정부에서 시장 규제와 완화를 반복했음에도 부동산 가격은 대체로 떨어지지 않고 올랐기 때문에 뉴스나 전문가의 말에만 의지하지 말고 스스로 시장을 판단하는 안목이 필요하다. 또한 지금 현재의 부동산 가치만 바라보지 말고 미래 가치를 보는 것이 중요하다.

미래 가치는 시장을 내다보는 안목에서 나온다. 결국 좁은 시야로 현재 가치만 따지느냐, 긴 안목으로 미래 가치까지 더하느냐의 문제이다.

쉽게 말해 '아는 만큼 보인다.'는 말이다. 사람들은 부동산 투자를 할 때 현재 가치만 보고 판단하는 경우가 많지만 이는 잘못되었다. 서울 등 수도권 지역만 보지 말고 인구 50만 명 정도 되는 수도권 도시의 가능성을 주목하는 것도 성공 투자의 한 방법이다.

도시 기본 계획을 확인하라

그렇다면 어떤 방법으로 가치가 높은 지역을 쉽게 찾아낼 수 있을까? 가장 쉽고 좋은 방법은 먼저 각 시·군청 홈페이지에서 도시 기본 계획을 찾아보라. 도시 기본 계획은 시·군 지역의 기반 시설 확충을 위한 장기적인 도시 관리 전략을 제시하고 있다. 보통 계획 수립 시점을 기준으로 20년 후까지의 발전상을 포함하는 종합 계획이다. 5년마다 타당성을 재검토하여 계획을 정비하고 조정한다. 이를 통해 현재 해당 지역의 중심지가 어디인지 한눈에 알 수 있으며, 지자체가 앞으로 지역을 어떻게 발전시키려하는지 개발 방향을 예상해볼 수 있다. 그리고 국토교통부에 들어가면 국가균형발전 프로젝트에 대한 내용도 자세히 나와 있다.

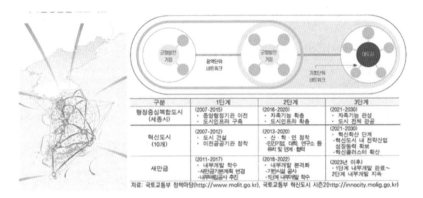

구분	1단계	2단계	3단계
행정중심복합도시 (세종시)	(2007~2015) · 중앙행정기관 이전 · 도시인프라 구축	(2016~2020) · 자족기능 완충 · 도시인프라 확충	(2021~2030) · 자족기능 완성 · 도시 전체 감리
혁신도시 (10개)	(2007~2012) · 도시 건설 · 이전공공기관 정착	(2013~2020) · 산·학·연 정착 · 민관P협, 대학, 연구소 등 유치 및 연계·협력	(2021~2030) · 혁신확산 단계 -혁신도시 내 전략산업 성장동력 확보 -혁신클러스터 확산
새만금	(2011~2017) · 내부개발 착수 · 새만금기본계획 변경 · 내부개발공사 추진	(2018~2022) · 내부개발 본격화 · 기반시설 공사 · 1단계 내부개발 착수	(2023년 이후) · 1단계 내부개발 완료~ 2단계 내부개발 지속

자료: 국토교통부 정책마당(http://www.molit.go.kr), 국토교통부 혁신도시 시즌2(http://innocity.molig.go.kr)

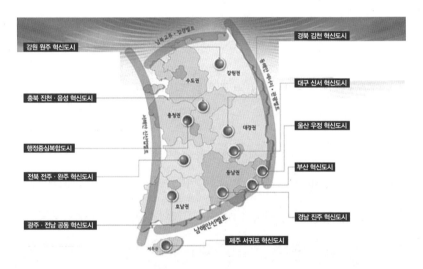

가치가 높은 지역에 우선적으로 투자하는 것이 유리하다고 했지만, 막상 관심을 갖고 해당 지역에 가격을 조사해보면 이미 상당히 많이 올라 있을 수 있다. 그렇다고 실망하거나 포기할 필요는 없다. 기회는 항상 있는 법이기 때문이다. 가격이 오르면 항상 '갭 메우기'라는 현상이 생긴다. 부동산 가격이 상승하면 제일 먼저 중심지부터 가격이 오르기 시작해 점차 외곽으로 그 흐름이 확산된다. 특정 지역의 가격이 너무 오르게 되면 이에 대한 부담감으로 인해 대안을 찾는 사람들이 많기 때문이다.

이때 사람들은 중심지 지역의 인프라를 이용하는 데 큰 불편이 없으면서 상대적으로 가격이 낮은 외곽 지역으로 선택 범위를 넓히게 되는데 보통 '중심지→부심지→외곽지' 순서로 가격 상승이 일어난다. 이처럼 중심지가 오르면 주변 지역도 따라 오르는 것을 가격의 '갭 메우기 현상'이라고 한다. 이런 현상은 중심지에서 부심지로, 또 다시 외곽으로 확산되기도 하지만, 같은 권역 내에서도 선호 지역과 비선호 지역의 가격 차이가 커지면 언제든지 나타날 수 있다. '갭 메우기 현상'을 이해를 하게 되면 가격 차이가 벌어졌을 때, 본인의 가용 자금에 맞는 지역을 찾아 효율적인 투자를 할 수 있다. 중심지와의 틈새를 찾아내는 노력은 개인의 몫이다.

지금 당장 평균의
오류에서 벗어나라

평균의 함정에 빠지지 마라

인류 최초로 '평균'이라는 개념을 발견한 수학자 헤로도토스.

지금은 어린아이도 쉽게 생각할 수 있는 문제지만 당시만 해도 평균이라는 개념은 획기적이었다. 자신이 발견해 낸 평균에 대해 깊이 빠져 있던 헤로도토스가 어느 날 가족들과 소풍을 나갔다가 작은 냇물을 만났다. 얼핏 봐서는 꽤 깊어 보였던 터라 그의 아내는 다른 길로 돌아가자고 제안했다. 그러자 헤로도토스가 격앙된 목소리로 말했다.

"내가 냇물의 평균 깊이와 아이들의 평균 키를 재보겠소. 우리 아이들의 평균 키가 냇물의 평균 깊이보다 높으면 문제없지 않소? 먼 길로 돌아가는 것도 수고로우니 잠시 기다리시오."

그러곤 막대 하나를 들고 와 아이들의 키를 재 평균을 내고는 냇물을 돌아다니며 깊이를 쟀다. 모래사장에서 한참 계산에 몰두하던 그가 드디어 만족스런 웃음을 띠며 말했다.

"역시 내 예상대로요. 냇물의 평균 깊이는 93cm고 아이들 평균 키는 120cm이니 안심하시오. 자, 이제 냇물을 건넙시다."

아빠의 말을 들은 아이들은 차례대로 냇물을 건너기 시작했다. 하지만 어떤 지점은 93cm보다 훨씬 깊었고 막내 아이의 키는 120cm보다 한참 작았다. 결국 막내 아이가 물에 빠졌고 그의 아내가 급히 뛰어와 아이를 구했다. 하지만 그때도 헤로도토스는 고개를 갸웃거리며 모래 위에서 검산만 하고 있을 뿐이었다. 평균의 오류에 빠진 수학자의 웃지 못 할 이야기지만, 우리도 평균에 너무 의지한 나머지 표준이라 정해놓은 선에서 벗어난 행동을 하는 사람을 물에 밀어 넣고 있지는 않은가. 평균의 오류에서 우리는 벗어나야 한다. 현실에서 평균은 울타리에 갇힌 지식일 뿐이다.

현실을 직시하면 투자할 곳이 보인다

현실을 직시하는 것은 부동산 시장을 분석할 때도 반드시 필요한 자세이다. 현실을 직시하는 것이 일상의 건강한 사고 습관으로 자리 잡으면 부동산을 바라볼 때도 '과도하게 자극적인' 뉴스를 거르고, '공포론'에 가려진 숨겨진 기회를 찾을 수 있다. 필자가 KB국민은행 주택 시장 동향서 데이터를 활용해 숨겨진 기회 지역을 찾아낸 것도 현실을 직시하는 자세를 가졌기 때문이다. 이를 가로막는 평균의 오류를 하나씩 살펴보면 편견에 가려진 한국 부동산의 실제 모습을 볼 수 있게 된다.

앞선 헤로도토스의 예에서 보았듯이 간극 본능은 '부자와 빈자', '우등생과 열등생' 등 사회 현상을 극단적으로 바라보게 한다. 이분법적인 사고에 물들어 어떤 대상을 바라볼 때 오로지 두 개의 양끝에만 초점을 맞추게 한다. 이런 양 끝에 초점을 맞추다 보면 결국 평균의 함정에 빠지게 된다. 어느 집단을 비교할 때 평균값만으로 집단을 평가하고 이를 일반화하려 한다. 예를 들어 남성의 평균 키가 170cm이고 여성의 평균 키가 163cm라고 할 때 '모든 남성은 여성보다 키가 크다'고 단정하는 식이다.

2018년 2월부터 2019년 2월까지 아파트 매매가 변동률(출처 : 부동산114)에 따르면 부산의 평균 매매가 변동률은 −1.47%를 기록했다. 이를 보고 대부분 부산은 '하락하는' 시장이라고 판단한다. 그러나 부산의 '주택 고령화'를 고려할 때 단순 '평균 가격'이 아닌 '연령별 가격'을 따져볼 필요가 있다. 부산은 현재 재개발 사업이 활발히 진행되고 있는 관계로 지어진 지 얼마 되지 않은 주택은 상승률이 낮으나 재개발을 앞두고 있는 고령 주택은 상승률이 매우 높다.

평균값만 따졌다면 부산에서의 내 집 마련 혹은 투자 기회를 놓쳤을 것이 분명하다. 반면 주택 연령별로 나눠 분석을 해보았다면 2019년에 매수해 큰 차익을 남겼을 것이다. 로슬링은 '평균의 차이만을 주목하고 평균을 구성하는 분산을 무시하면 오판을 불러온다.'며 평균의 함정에 빠지지 말라고 경고했다. 주택 고령화 시대에 주택의 연령별 분포를 따져야 하는 이유이다.

서울과 경기의 평균 집값을 비교하면 당연히 서울이 높다. 그러나 자치구별 집값 분포를 보면 흥미로운 결과가 나온다. 성남, 안양, 하남 등 경기도 7개 지역은 현재 서울 동대문구보다 시세가 높다. 요즘은 많은 사람들이 무조건 서울에 집을 사야 한다고 해서 묻지도 따지지도 않고 서울에 집을 사는 경우가 있다. 지방 사람들이 서울에 집을 사는 경우도 많이 늘었다 그러나 무조건 서울에 집을 사는 것이 아니라 경기도 유력 젊은 부동산을 매수했다면 더 높은 수익률로 행복한 미소를 짓고 있을 것이다. 지방이라고 무조건 가격이 낮은 것도 아니다. 부산 수영구와 대구 수성구는 2015년부터 경기도 집값을 뛰어넘었으며, 제주도 역시 평당 1000만 원이 넘는다. 그럼 서울의 강남과 강북은 어떨까. 2019년 기준 강북의 젊은 소형 주택은 평당 3000만 원을 넘어섰다. 전용면적 59~74 ㎡ 기준으로 8억 원 넘는 수준이다. 반면 강남의 중심인 도곡·서초동의 고령 소형 주택 시세는 5억~7억 원에 머물러 있다. 재건축 아파트를 제외하면 강북의 작지만 강한 젊은 주택이 강남의 고령 주택보다 비싸다.

우리가 긍정적인 뉴스보다 부정적인 뉴스에 눈길이 가는 것은 인간이 위험에 대처하려는 본능이 있기 때문이다. 이런 부정적인 뉴스에 관심이 가는 본능은 위험에 빠지지 않게 삶에 도움을 줄 때도 있지만 회의론에 빠지게도 한다. 결국은 좋은 기회를 놓치는 경우가 많다. 결국 모든 비즈니스와 투자의 기회는 부정적인 뉴스 속에서 긍정적인 면을 보는 사람이 투자의 기회를 얻을 수 있는 것이다.

행운에 기대지 말고
꾸준히 투자하라

리스크 관리가 중요하다

투자를 하는 사람들에게 '투자에서 가장 중요한 것은 무엇이냐?'고 물으면, 아마도 대부분은 수익률이라고 말할 것이다. 하지만 오랫동안 투자를 해온 투자자들에게 같은 질문을 던지면, 그들은 '위험 관리'라고 말한다. 손해 보지 않는 투자를 하기 위해서는 위험을 분산시키는 것이 가장 중요하다. 주식에서도 가장 많이 하는 투자 이야기가 포트폴리오 구성이다. 그들이 수익보다 위험 관리를 강조하는 이유는 단 한 번만 실패해도 그동안 쌓아둔 모든 것들이 사라질 수 있다는 것을 알기 때문이다.

우리나라는 두 번의 경제 위기를 겪었다. 그런데 이젠 앞으로 경제 위기가 오지 않을까? 오래 살아남은 투자자일수록 잘 알고 있다. 위기는 반복되고, 언제든지 다시 닥쳐올 수 있다는 것을. 그렇기 때문에 위험 관리의 필요성을 강조하고 실천하는 것이다. 위험을 줄이기 위한 방법은 가장 많이 알려진 격언 중에 '달걀을 한 바구니에 담지 말라'는 말이 있다. 한 종목, 한 분야에 모두 투자하지 말고 분산 투자하라는 말이다.

현재는 전 세계적으로 저금리 시대를 맞이하여 돈 가치가 하락하는 현실을 냉정히 인식해야 한다. 현대사회는 자신은 번 돈을 저금만 해서는 물가 상승률에 미치지 못하므로 투자해야 한다.

세계적인 투자가 앙드레 코스톨라니에 의하면, 상속이 아닌 노력으로 부자가 되는 3가지 방법이 있다고 한다. 첫째는 부유한 배우자를 만나는 것, 둘째는 유망한 아이템으로 사업을 하는 것, 셋째는 투자를 하는 것. 실질적으로 우리가 할 수 있는 방법은 마지막 방법밖에 없다. 투자해야 한다. 투자하는데 원칙이 있어야 하는데 위대한 투자 현인인 워런 버핏이 한 말이 정답이 될 것이다.

"일단 투자를 결단했다면, 투자의 첫 번째 원칙은 잃지 않는 것이고, 두 번째 원칙은 첫 번째 원칙을 잊지 않는 것이 되어야 한다."

부동산 투자에서는 투자 수익률을 꾸준히 나오게 하는 방법이 무엇일까? 아주 간단하지만 어려운 진리는 '천천히 꾸준히' 투자를 하는 것이다. 평범한 개인이 일확천금을 꿈꾸지 말고 긴 호흡으로 올바른 투자를 한다면 누구나 더 나은 경제적 상황을 이룰 수 있다. 물론 '천천히 꾸준히'가 말이 쉽지 실제로 하기는 어렵다. 평범한 원칙을 말하지만 이것은 결코 평범하지 않은 것이다.

냉정한 자본주의 시스템에서 개인이 무모한 욕심과 조급함으로 실패하지 말고 작게 시작해서 꾸준히 수익을 내며 자산을 불리는 것이 제일 좋은 방법이다. 투자를 통해 배운 지식은 살면서 겪게 되는 변화무쌍한 경제적 상황에 침착하게 대처할 수 있도록 도와준다. 나아가 투자는 자산을 불린다는 단순한 의미를 넘어 세상을 바라보는 시선을 크게 해준다. 사회가 돌아가는 시스템과 세상사의 이면을 읽어내는 데 큰 역할을 하는 것이다. 결국은 투자 지식이 삶을 바라보는 시각을 바꿔준다.

투자 지식은 돈을 많이 벌기 위한 것이지만 동시에 자본주의 시스템 안에서 세상이 돌아가는 원리를 깨닫는 중요한 부분임에 틀림없다. 이미 늦었다는 생각보다는 이제부터 '천천히, 꾸준히' 더 잘 알아가면 된다. 성공의 비결로 가장 많이 언급되는 단어가 바로 열정이다. 하지만 진정으로 성공한 사람들에게서 공통적으로 드러나는 요소는 열정이 아니라 꾸준함이다. 그저 자신이 정한 목표를 향해 한 걸음, 한 걸음 조금 더디더라도 꾸준히 가면 된다.

금방 식는 열정보다는 오래 지속하는 꾸준함에서 위대한 힘이 생긴다. 많은 직장인들이 생계를 위해 좋든 싫든 직장을 대부분 꾸준히 다닌다. 그러나 그 꾸준함에는 목표가 있어야 하는데 많은 직장인들이 목표가 없이 직장생활을 하는 경우가 대부분이다. 월급이라는 안전망이 있을 때 가능한 한 많은 경험을 쌓아서 실력을 키우는 것이 좋다. 그렇게 쌓인 경험은 퇴직 후 인생 후반전을 살아가는 데 든든한 버팀목이 되어줄 것이다. 직장인이라면 누구나 월급을 받고 생활을 한다. 그것을 그냥 우리 가족의 생활비로 생각하느냐 아니면 경제적 자유를 위해 투자하는 소중한 자금이라고 생각하느냐에 따라 인생 후반전이 크게 달라질 수 있는 것이다.

꾸준히 투자하면 늘 성공하는 것은 아니다. 투자에는 리스크가 항상 있기 마련이다. 부자라고 해서 특별하지는 않다. 부자들도 투자를 하다 보면 실패를 한다. 다만 상대적으로 성공할 확률이 높을 뿐이다. 그 이유는 리스크 관리에 있다. 실패하더라도 자신의 모든 것이 무너지지 않도록 손해를 최소화시킨다. 이것이 바로 부자들의 투자 방법이다. 또한 부자들은 모든 기회를 한꺼번에 다 잡으려고 하지 않는다.

수익이 날 가능성이 있는 단 한 번의 기회를 제대로 잡아서 투자한다. 이런 선택과 집중은 여유를 가지고 참고 또 참으면서 기다릴 줄 아는 사람만이 가능한 투자 방법이다. 적당한 기회를 기다릴 줄 아는 사람만이 큰 부자가 될 수 있다. 남들보다 뒤처진다는 생각에 조급한 마음으로 무분별하게 투자하는 사람들이 주변에 많다. 남들이 어떤 곳에 투자를 했더니 큰돈을 벌었다고 해서 아무 생각 없이 투자에 참여하는 사람들은 절대로 많은 이익을 낼 수가 없다. 이미 소문이 난 상태에서는 수익이 적게 날 수밖에 없는 구조이기 때문이다.

먼저 본업에 충실하라

꾸준히 투자를 하기 위해서는 현금 흐름을 원활하게 하기 위해서 매월 수익을 내는 흑자 경영을 해야 한다. 지출보다 수익이 많은 구조를 만드는 것이다. 부동산 투자로 돈을 벌기 위한 가장 기본이자 모든 투자를 다룬 거의 모든 책에서 투자의 1단계는 항상 버는 것보다 적게 쓰는 것이라고 한다. 일단 굴릴 돈이 있어야 한다. 굴릴 돈이 없다는 것은 투자가 중단된다는 것을 의미하기 때문이다.

부동산은 상대적으로 사고파는 데 시간이 걸리는 투자이므로 현금 흐름이 무엇보다도 중요하다. 고정 수입이 없는 사람은 기회가 와도 보유 현금을 함부로 쓸 수 없다. 평소에 봐두었던 아파트에 급매가 나와도 선뜻 도전하지 못한다. 지금 가격에 사면 이익을 볼 가능성이 크다고 확신하면서도 아파트 가격이 오르지 않으면 현금 흐름이 끊기므로 투자를 주저한다. 그러나 상대적으로 직장인은 직장을 다니면서 매달 월급을 받는다. 최소한 월급으로 생활비는 쓸 수 있으니 나머지 현금은 투자를 할 수 있다.

기회가 오면 부담 없이 투자할 수 있고, 기다릴 수 있다. 월급은 자유로운 삶을 살지 못하게 하는 족쇄가 아니라 안정적인 투자를 할 수 있게 도와주는 현금 흐름이다. 경제적 자유를 이루게 하는 투자란 이처럼 월급이라는 안정적인 소득을 발판 삼아 조금씩 이익을 늘려나가는 것이다. 투자를 한다고 꼭 직장을 그만두고 전업 투자를 할 필요는 없다. 오히려 지금의 일에 충실해야만 투자를 통해 성공하기 쉽다.

직장인들은 월급의 가치를 낮게 평가하는 경향이 있다. 투자 대상으로서 수익형 부동산의 매력은 좋은 부동산에 투자했을 때 매월 월세를 받으면서 부동산 가격이 오르면 시세 차익을 누릴 수 있기 때문이다. 자신이 일하는 직장에서 좋은 성과를 내고 경쟁력을 가진다는 것은 매월 월급을 받으면서 몸값을 올려 직장 내에서 승진하거나 이직을 통해 연봉을 올린다면 그 또한 훌륭한 재테크이다. 본업에 충실하면서 추가적인 노력으로 꾸준한 투자가 중요한 이유이다. 결국 자신의 본업에 충실히 하는 것이 행운에 기대지 않고 꾸준히 투자를 하는 비결이다.

투자하면 이익이 날 수도 있고 손해를 볼 수도 있다. 중요한 것은 이익과 손해가 아니라 끊임없이 관찰하고 복기하는 것이다. 자신의 투자를 되새김질하며 성공의 이유와 실패의 이유를 찾아내는 것이다. 이를 통해 앞으로 투자에 대한 실수를 줄여주고 더 나은 선택을 할 수 있게 해준다. 투자하면서 성공만 할 수는 없다. 실패를 통해 새로운 배움을 얻고 계속 끊임없이 투자를 통해 성공적인 투자자의 길을 가는 것이다. 처음부터 성공하는 투자자는 없다. 꾸준히 천천히 투자를 한다는 마음가짐이 중요하다.

05

부동산의 승부를 가르는 것은 '경제 기본기'

기본에 충실해야 성공한다

올해 8월 4일 기해서 부동산 관련된 세법 및 임대차 3법이 모두 국회를 통과되면서 많은 투자자들이 방향 설정에 어려움을 겪고 있다. 집을 한 채 마련하고 싶은 투자자라고 하더라도 우선 어디를 사야 하는지, 투자 지역과 조정 지역을 체크하고 대출 가능 범위와 보유 기간 동안 보유세 는 어떻게 되는지 따져봐야 한다. 취득세, 보유세, 양도세 등 부동산 취 득해서 팔리는 기간까지의 모든 세금이 증세되었다. 그러다 보니 부동산 투자 전략이 너무도 중요해졌다.

어느 순간 부동산에 있어서 투자자라는 분류는 사라지고, 정부에서는 투기자로 몰아세워 마음의 불편함도 있지만 그렇다고 투자를 멈출 수 있는 상황도 아니다. 넘치는 유동성으로 인해 화폐의 가치가 점점 떨어지면서 실물 자산에 대한 가격이 올라가고 있기 때문이다. 즉, 여유 자금을 그대로 두는 순간 나도 모르게 마이너스 수익률을 내고 있는 것이다. 그 어느 때보다 어떤 부동산을 취득해야 하는가가 중요해진 시점이다. 화폐 가치 하락을 상쇄할 만큼 상승 여력이 있어야 한다.

강남이면 되는 것일까? 강남은 왜? 이렇게 오르기만 하는 것일까? 강남 불패 신화는 계속되는 것일까? 강남역의 1일 승하차 인구는 22만 명이다. 이들이 왜 강남역에서 내리는 것일까? 일자리, 주거, 상권이라는 주요 요소들이 부동산 가격에 영향을 끼치게 되고, 그 사람들을 2분마다 최대 2,000명 정도 이동시킬 강력한 지하철이 있기 때문이다. 부동산이 혼란스럽고, 불안할수록 다시 기본으로 돌아가야 한다.

부동산법을 탓하느라 시간을 낭비하는 것은 의미 없는 일이다. 현 정부는 수도권 권역을 하나로 연결시켜줄 혁신적인 교통망에 대한 정책을 탄탄하게 만들어가고 있다. GTX-A, B, C노선, 신분당선 연장선, 신림선, 대곡-소사선, 동북선, 강북 횡단선, 월판선, 인동선. 새로 생길 노선들과 완공 예정인 노선들은 지역의 변화를 가져올 것이고, 지하철 노선과 노선이 서로 영향을 받으면서, 사람들이 몰리고, 일자리도 생기고, 주거 시설이 몰리는 변화들이 일어날 것이다.

출처 : 뉴스 동아닷컴

서울 도심은 도심 재생이라는 새로운 화두를 던지면서 지하철 노선을 따라 낙후된 지역의 놀라운 변신이 지속적으로 일어날 예정이다. 앞으로, 지역 분석은 지하철 노선과 역을 어떻게 파악할 것이냐에 따라 승패가 갈린다고 해도 과언이 아니다. 부동산의 기본기는 지역 분석부터 시작한다. 내가 투자하고 싶은 지역이 있으면 먼저 그 지역에 대한 분석이 우선이다. 그 지역의 인구, 수급, 호재 등을 하나씩 하나씩 꼼꼼히 분석을 해야 성공적인 부동산 투자가 될 수 있다.

특히 요즘처럼 코로나19 사태로 부동산 시장이 불확실성 속으로 빠진 상황에서는 그 어느 때보다 원칙과 소신을 지닌 투자가 필요하다. 수많은 변수와 위기가 도사리는 부동산 시장에서 자신만의 성공 법칙을 만들기 위해서는 기본에 충실해야 한다. 2019년의 부동산 광풍이 올해에도 이어질 듯했지만 계속된 정부의 정책들로 인하여 부동산 거래가 급격히 줄며 조정세를 보이고 있다. 그 누구도 예상하지 못했던 코로나19 사태로 경제가 냉각되며 부동산 시장도 불확실성에 휩싸였다. 중장기적으로 집값이 우상향하는 것은 맞지만 경기, 규제, 금리 등에 따라 이처럼 출렁거리는 것이다.

무엇보다 집값 움직임에 이리저리 일희일비하지 않고 부동산에 대한 꾸준한 관심을 가지고 지켜보는 자세가 무엇보다도 중요하다. 특히 요즘처럼 각종 변수들이 튀어나오는 때일수록 투자 기본기를 갖추기 위해 공부해야 한다. 지금 부동산 공부를 해서 기본기를 갖춘 사람만이 투자 기회가 왔을 때 멋지게 잡을 수 있다. 조급해서 기본기도 갖추지 않고 부동산 투자에 나서면 소중한 전 재산을 투자하고도 낭패를 볼 수 있다.

부동산 투자 자신만의 원칙을 세워라

단단한 경계 기본기를 다지고 자신만의 부동산 투자 원칙을 세워야 한다. 투자자들마다 각기 다른 투자 원칙이 있지만 내 투자 원칙은 크게 3가지이다.

① 부동산 투자 기본은 현장에 답이 있다.

② 일확천금을 노리지 않는다.

③ 권리 분석이 명확한 것부터 도전하자.

투자 원칙 ① – 부동산 투자 기본은 현장에 답이 있다

투자 물건 선정을 위해 우선 살펴봐야 할 것은 해당 지역의 수요와 공급이다. 권리 분석과 시세 조사도 중요하지만, 더 꼼꼼하게 따져봐야 할 것은 수요가 많고 상대적으로 공급이 적은 곳을 찾아 확인하는 현장 조사이다. 보통 인터넷을 통해 사전 조사를 마친 후 현장으로 가는데 흔히 '임장'이라고 부른다. 이 현장 조사가 부동산 투자에서 기본 중의 기본이다. 현장 조사를 당연한 거 아닌가하고 말하는 사람들이 있는데 현장 조사 없이 외관만 보고 매입을 하는 경우가 뜻밖에 많다.

작년같이 투자 스터디 그룹에서 같이 공부를 하던 L씨가 지방의 오피스텔 한 채가 경매에 나와 40%까지 유찰이 되었다. 경매 초보였던 L씨는 40%까지 유찰된 물건을 낙찰 받을 경우, 투자금을 거의 들이지 않고 매입해 월세 수입을 낼 수 있을 거라 판단했다. 입찰이 2일 뒤라 급하게 현장 조사를 간 L씨는 한 시간 가량 건물 외관을 보고, 큰 이상이 없다고 판단을 하고 관리실에 들러 미납된 관리비 등이 있는지 확인하고 돌아왔다. 권리 분석과 건물 외관에는 큰 이상은 없었다고 판단을 하고 L씨는 바로 입찰을 진행했다.

치열한 높은 경쟁률을 예상했던 것과 달리 단독 입찰로 낙찰을 받게 된 L씨는 며칠 후 오피스텔에 방문한 뒤 큰 충격에 빠졌다. 멀쩡한 외관과 달리 내부에는 사람의 흔적이 없었으며, 온갖 쓰레기들로 가득했고 엘리베이터는 고장이 나 있었다. 그 이후 L씨는 오피스텔을 경매로 낙찰을 받았지만 잔금 납부를 하지 않고 보증금만 날리게 되었다. 이렇듯 제대로 된 현장 조사 없이 매입을 할 경우에 큰 낭패를 볼 수 있다.

특히나 경매 물건의 경우는 철저한 현장 조사가 필수이다. 따라서 현장 조사 시, 건물 내·외관뿐만 아니라 시설 노후 상태 등 여러 요소를 꼼꼼하게 확인해야 한다. 추가로 지방의 물건은 더 꼼꼼히 시세와 수요 조사를 진행해야 한다. 특히, 가급적이면 현장에서 세입자를 만나더라도 확인해보길 추천한다. 실거주자와 심도 있게 이야기를 나누지 못하더라도 사람이 거주하고 있다는 사실만 파악해도 큰 도움이 된다. 실수하지 않는 부동산 투자의 기본은 치밀하게 관찰하고 끈질기게 들여다보는 현미경 현장 조사임을 유념해야 한다.

투자 원칙 ② – 일확천금을 노리지 않는다

부동산 시장의 물건은 가격이 5,000만 원부터 많게는 수백억 원에 이르기까지 다양하다. 대체로 작은 액수의 물건은 건너뛰고 한 방을 노리는 초보자와 달리, 내가 만난 고수들은 허황된 목표를 좇지 않고 자신만의 확실한 원칙을 정해놓고 투자했다. 내 경우는 매달 월급처럼 고정 수입이 들어오는 시스템 구축에 집중해 부동산 투자를 진행했는데 물건의 규모나 액수에 욕심을 부리지 않고, 수요가 많은 소형 아파트처럼 실속 있는 물건 중심으로 투자를 했다. 부동산 투자에 흥미를 잃지 않고 꾸준히 하는 방향을 찾고 있다면 일확천금을 노리기보다는 작은 물건부터 차근차근 시작해보는 것을 추천한다.

투자 원칙 ③ – 권리 분석이 명확한 것부터 도전하자

권리 분석이란 쉽게 말해 그 집에 어떤 사연이 얽혀 있는지 알아보는 과정이다. 일반 매매는 중개사가 권리를 대신 파악해준다. 그러나 본인이 직접 권리를 분석할 수 있다면 임대보증금을 보호하거나, 사기 혹은 중개 피해 등 부동산 거래에서 발생할 수 있는 문제를 사전에 방지할 수 있다. 또한 부동산 투자 시 더 좋은 기회를 포착할 수 있는 토대가 되기도 한다.

권리 분석은 부동산 매매, 특히 경매 시 필수이다. 보통 경매에 나오는 물건은 이런저런 사연과 문제를 안고 있는 경우가 많다. 등기부등본이나 법원의 매각 물건 명세서를 보면 대략 어떤 문제가 있는지 파악할 수 있다. 경매의 첫 단계가 권리 분석이라고 할 만큼 중요하므로 관련 서류를 보고 문제의 상황 파악이 가능하다면 실전에서 큰 무리는 없다. 참고로 아파트나 빌라 등 주거용 부동산은 권리가 복잡한 경우가 많지 않다. 투자 초보자인 경우는 처음에는 주거용 부동산에 도전해보는 것을 추천한다.

부동산 경매를 하고 싶어도 권리 분석이 어렵고 복잡해 시도조차 하기 힘들다고 토로하는 사람들도 주변에 많으나 권리 분석의 기준은 간단하다. 우선 희망하는 집 여러 채를 검색하고, 각 집을 분석해 복잡한 사연이 있어서 투자가 어렵거나 위험하다고 판단되는 물건은 제외한다. 이 과정을 진행하다 보면 자신만의 권리 분석 방법이 잡히면서 자연스럽게 투자하고 싶은 물건이 머릿속에 그려지게 된다.

06

돈 많은 사람만이
부동산 투자를 하는 것이 아니다

더 많이 움직여야 한다

부동산에 대해 막연하게 꺼려하고 두려워하는 사람들이 있다. 그러나 부동산 투자는 자산 증식에 있어서 가장 확실한 큰 투자처임을 알아야 한다. 부동산 투자에 있어서 꼭 알아야 할 기본 정보를 바탕으로 현명하고 냉철한 투자 원칙에 따라 부동산 시장의 흐름에 대응하고 투기가 아닌 투자의 관점으로 바라보아야 수익을 낼 수 있다. 부동산 투자를 겁내거나 두려워할 일은 아니다. 부동산 투자에 있어 필요한 기술 첫 번째는 부자 마인드를 가지고 그들에 대한 잘못된 편견은 버려야 한다. 편견은 부자가 되는 길을 막는 암같은 존재다. 미국의 부동산 재벌인 현재 미국 대통령 도널드 트럼프가 이런 말을 했다.

"부동산은 결국 승리할 것이다. 인내심을 갖고 기다려라."

트럼프가 한 이 말은 재테크로써 부동산이 최고라고 함축적으로 표현한 것이다. 그리고 인내심, 눈앞의 수익만 바라보지 말고 장기적인 안목으로 바라보아야 성공할 수 있다. 부동산 자체가 경제의 거대한 한 축이므로 부동산 투자를 통해 부자가 될 수 있는 것이다. 은행 적금으로 돈을 번다는 것은 옛날이야기가 되었다. 이제는 돈이 돈을 버는 투자의 시대가 되었다. 부동산 투자는 자본주의 국가에서 합법적이고 너무도 자연스러운 소득 창출의 기회이다. 경제 경영학 관점에서 재테크의 한 부분으로 정확하고 냉정하게 봐야 한다.

'부동산 투자는 위험하다?' 주식처럼 휴지 조각이 될까봐 위험하다고 생각하는 것은 아주 잘못된 생각이다. 주식은 실체가 없어서 위험하지만 부동산은 실체가 존재한다. 휴지 조각처럼 없어지는 물건은 아니다. 부동산은 안전하다고 할 수가 있다. 물론 무리한 부채를 가지고 투자를 한다면 위험할 수 있다. 그러나 너무 큰 욕심과 욕망을 가지고 어떤 부동산에 자기의 모든 재산을 투자하는 자세는 바람직하지 않다.

현명한 투자의 관점에서 바라보면 절대적으로 위험하지 않고 안전한 것이 부동산 투자이다. 욕망과 욕심으로 시작하는 투자는 투기가 되는 것이다. 투기는 욕심에 눈이 가려져 눈앞의 거대한 이익만 보게 되면서 자신의 이성적인 판단을 잃게 되어 매우 위험한 상황까지 이를 수가 있다. 최근 주변에서 부동산 투자로 돈을 버는 시대는 끝났다고 하는 사람들이 많다. 코로나19 사태로 인해 어둡고 추운 경제 한파가 연일 불고 있다. 부동산 시장도 예외는 아니다.

하지만 세상의 모든 부동산 재벌들은 요즘 같은 혹독한 불경기가 부동산 투자의 적기라고 생각하여 급매나 경매로 나온 알짜배기 부동산을 차근차근 사들이기 시작한다. 그들은 부동산 고수들로 수십 년간 투자 경험을 통해 위기가 곧 기회임을 여러 차례 경기가 좋지 않았던 때에 큰돈을 벌어본 경험이 많다. 고수들은 위기일 때 기회를 놓치지 않고 잡는 것이다. 위기가 곧 기회인 것이다.

사마천의 『사기』에 나오는 돈 버는 방법에는 재산이 없는 사람은 힘써서 돈을 벌고, 재산이 조금 있는 사람은 지혜를 써서 돈을 불리고, 재산이 많은 사람들은 시기를 봐서 자기 자산을 축적한다고 나와 있다. 자본이 많은 사람이나 자본이 적은 사람 할 것 없이 모든 사람들은 적절한 시기와 타이밍의 기회를 잘 잡으면 부동산 투자로 성공을 해서 부자가 될 수 있는 것이다. 부동산 투자는 자산 증식 수단으로는 최고로 좋은 방법이다. 마음만으로 부자가 되고 싶어 하고 행동하지 않고는 절대로 부자가 될 수 없다. 실천을 해야 부자가 될 수 있다. 과감하게 부동산 현장으로 뛰어 들어가 투자해야 자산 증식의 짜릿한 성취감을 맛볼 수 있다.

또한 끊임없이 발품을 팔며 부동산 정보를 수집해야 한다. 지식만 가지고는 성공할 수 없다. 생각이 너무 많다보면 어떤 부동산 투자도 할 수가 없는 것이다.

현재는 부동산에도 차별화가 뚜렷하게 나타난다. 이런 시점에서는 매수 시점과 투자 가치를 알아보는 안목과 냉철하고 신속한 판단력과 부동산 고수들의 조언을 듣고 부동산 투자를 한다면 성공할 수 있을 것이다. 무한 경쟁 시대에 살고 있는 우리들이 지속적으로 발전하고 성공하기 위해서는 남들보다 더 많이 보고, 듣고, 움직여야 한다.

현장에 답이 있다

부동산은 부자들만이 하는 재테크 수단이 아니다. 많은 사람들이 필자에게 이런 질문을 한다.

"월급쟁이, 정말 부자가 될 수 있나요?"

　많은 사람들이 정말 궁금해하는 질문이다. 월급만이 주수입이라면 근근이 생활을 하면서 살 수는 있어도 여유로운 부자가 될 수는 없을 것이다. 경제적 자유를 얻는 것은 더더욱 어려운 일이다. 많은 직장인들이 '헬조선'이라 투덜거리면서도 하루하루 쫓기듯이 다람쥐 쳇바퀴 도는 삶을 산다. 하지만 직장이라도 월급을 모아서 종잣돈을 만들고 투자를 지속적으로 반복하면 여유로운 삶을 살 수 있고 부를 축적할 수 있다.

　부동산 투자의 경우는 조언을 구하기가 상당히 힘들다. 그 지역에 대해서 잘 모르면 조언을 해주기가 어렵기 때문이다. 현 시점이 부동산 투자에 적합한지 아닌지도 중요하다. 부동산 투자는 사이클이 있으므로 투자하기에 좋은 시점과 나쁜 시점이 분명히 있다. 하지만 직장인 투자자는 항상 부동산 투자에 관심을 가지고 있어야 기회가 왔을 때 자산을 증식할 수 있다. 부동산이 삶을 살아가는 데 정말 많은 부분을 차지함에도 학교에서 가르쳐주지 않는다. 주위에서 조언을 구하기도 힘든 경우가 많다.

　투자는 사실 보통 이상의 삶을 살기 위한 필수 요건이라 할 수 있다. 월급쟁이도 회사생활과는 별개로, 투자 마인드와 지식을 준비하고 꾸준히 투자를 실행하고 반복하다 보면 분명히 평균 이상의 넉넉하고 여유로운 삶을 살 수 있다고 확신한다. 재벌처럼 엄청난 부자까지는 아니더라고 분명 여유로운 삶이 가능할 것이고 여기에 운까지 따라준다면 경제적인 자유도 얻게 될 것이다.

부동산 경기는 상승과 하락을 반복하고 장기적으로 상승한다. 즉 우상향 그래프를 그리는 것이 부동산 경기이다. 규제가 심할 때는 번 돈의 대부분이 세금으로 내야 하기에 투자하는 것이 큰 의미가 없을 수도 있다. 하지만 이런 세금 부담이나 시세 하락의 걱정으로 부동산 투자를 하지 않는 것은 자본주의 사회에서 부자가 되지 않겠다고 선언하는 것이나 마찬가지다.

대부분의 부자들은 본인의 집을 소유하고 있고 추가적인 부동산에서 월세나 전세 수익을 통해 재투자를 하고 있다. 하루라도 빨리 부의 추월차선으로 올라타는 것이 중요하다. 투자에 대한 목표를 설정하고, 꾸준히 실행하는 것만이 월급쟁이가 부자가 될 수 있는 유일한 길이다. 나이 마흔이 넘어서까지 부동산 매매를 한 번도 해보지 않은 사람들이 있다. 이런 사람들이 있을까 싶은데 실제 꽤 많다.

이런 사람들의 선택을 나무라고 싶지는 않지만 투자를 안 하고 본인의 삶이 팍팍하다고 불만을 얘기하는 것은 앞뒤가 맞지 않는 것이라고 생각이 든다. 남녀를 불문하고 이렇게 불평불만이 많은 사람들은 피하는 것이 좋다. 잘못하면 평생 같이 불평불만을 들으면서 살아야 할 수 있기 때문이다. 세상은 긍정적인 사람들과 같이 지내는 것이 좋다.

앞으로 부동산 시장은 부익부 빈익빈 현상이 점점 더 심해질 것이다. 서울의 집값은 더욱 오를 것이고, 단기적인 조정은 있을 수 있으나 장기적으로는 지속적으로 오를 것이다. 노력해서 서울에 집을 마련하기는 점점 더 힘들어지고 있다. 다음 세대에는 더욱더 그렇게 될 것이다. 우리나라만의 현상은 아니고 전 세계적인 현상이다. 그렇다고 포기하면 안 된다. 본인의 노력으로 내 집을 마련하려는 노력을 계속 해야 한다.

예전에는 배우자를 찾을 때 배우자의 성품이나 능력을 먼저 보았는데 이제는 부모의 경제력을 가장 먼저 본다는 우스갯소리도 있다. 나를 위해서도 그렇지만 사랑하는 다음 세대를 위해서도 투자를 통해 자산을 늘려가야 한다. 모든 결과에는 그에 상응하는 원인이 있다. 옛말에 '콩 심은데 콩 나고, 팥 심은데 팥 난다'고 했다. 세상을 움직이는 가장 기본적인 진리이다. 경제적인 자유와 풍요로운 삶을 위해서는 끊임없이 경제, 경영, 재테크를 배우고 부동산 임장을 하고 강의를 찾아다니며 듣고 공부해야만 한다.

부동산 관련 책을 읽었다면 거기에 그치지 말고 실제 현장에 가서 보고 중개사 사무소에 방문해서 설명을 듣고 상담을 받아봐야 한다. 책과 강의로만 알 수 없는 부분이 많아서 현장에 가는 것이 책과 강의보다 중요하다. 부동산처럼 현장에 답이 있는 재테크는 없다. 이를 실행에 옮기는 사람만이 큰 부를 이룰 것이다.

직장인으로 살면서 지속적인 투자를 할지 안 할지는 본인들의 선택이지만 항상 돈 걱정을 해야 하는 삶에서 벗어나고 싶다면 부동산 투자는 필수이다. 부동산 투자하면서 많은 상승과 하락을 보고 공부하면서 미리 준비하면 충분한 기회가 생긴다는 것을 알게 되었다. 부자가 아닌 평범한 직장인도 부동산 공부와 관심, 그리고 실행이 뒷받침된다면 부동산 투자를 통해 경제적 자유를 이룰 수 있을 것이다.

07

세상은 왜 점점
더 불평등해지는가

경제 양극화로 근로자는 소외 받는다

'코끼리 곡선'이라고 들어 보았는가? 아래 그래프가 코끼리 곡선이다. 1988년부터 2008년까지 전 세계인을 소득 수준에 따라 100개 분위로 세웠을 때 실질소득 증가율이 얼마인지 나타내는 표이다. 이 모양이 코끼리 모양과 비슷해서 코끼리 곡선(elephant graph) 이라고 한다. 차트를 보면 지난 20년간 하위 50%정도는 성공적으로 증가한 것처럼 보인다. 그도 그럴 것이 중국과 인도의 성장으로 많은 사람들을 빈곤에서 구해낸 것은 사실이긴 하니깐.

세계대전 이후에 국제 무역이 활성화되면서 교역 능력을 갖춘 최상위 층과 중간 계층이 큰 성장을 하게 된 것이다. 사실 하위 50%는 상대적으로 적은 양의 부를 갖고 있었기에 %로 환산해서 소득을 계산하면 크게 증가한 것 같은 효과도 있을 것이다. 그 부분을 감안해야 한다. 상위 1%는 급격히 증가했다. 그런데 75~95% 사이는 오히려 성장하지 못하고 감소했다. 저 구간을 OECD 중산층 수준인 것으로 보는데 대부분 평범한 직업을 가진 사람들이 저 구간에 위치해 있을 것이다.

돌이켜보면 세계화로 중산층의 삶이 상대적으로 악화되고 슈퍼리치들과 가난한 사람들의 성장을 도운 꼴이 되는 것이다. 평균적으로는 모두 성장한 것처럼 보이나 평균에도 함정이 있다는 건 모두가 아는 사실이다.

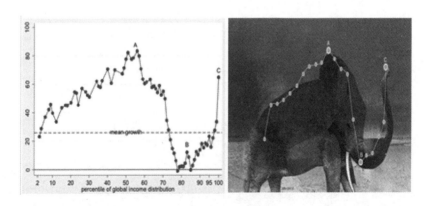

출처 : Global Inequality A New Approach for the Age of Globalization

우리나라가 지속적으로 추진해왔던 개발 경제를 비판하면서 규제 완화, 감세, 노동 유연성의 증대, 자본 및 금융의 자유화, 보수적 재정 운용 등을 옹호하는 신자유주의가 경제와 사회 전체로 급속히 확산된 결과이다. 집 없는 서민들은 전세 및 월세 값의 폭등에 이리저리 옮겨 다니고, 가계 부채는 하루가 멀다 하고 늘어나 대다수 서민들은 원금을 갚기는커녕 이자 부담하기도 버겁다.

우리나라 사람들이 개발도상국에서 벗어나려고 노력을 했으나 선진국이 되기 전에 멈춰서는 중진국 함정의 신호들이 도처에서 발견되고 있다. 소득 양극화의 원인은 근래 과학기술이 숙련 편향적(Skilled based technological change)으로 발달하면서 숙련 노동자와 비숙련 노동자 간의 임금 격차가 커진 데서 찾을 수 있다. 기술진보가 빨라지는 4차 산업 혁명 시대에는 이런 임금 격차가 더 확대될 수 있다. 이제는 직무 능력을 높이는 노력과 동시에 투자가 필수적인 시대에 봉착되었다.

불공평하기 때문에 도전이 시작된다

"세상이 불공평하다고 말하지 마라. 세상은 내게 무엇도 빚지지 않았다. 세상이 있고 그 다음에 내가 있는 것이다."

세상이 불공평하다는 생각이 들 때 떠올리면 좋은 로버트 존스 버데트의 명언이다. 남과 비교하거나 불공평하다고 불평을 늘어놔봐야 인생에 아무런 도움도 되지 않을뿐더러 시간과 에너지를 빼앗기고 실의와 좌절에 빠질 뿐이기 때문이다. 빌 게이츠가 마운틴 휘트니스 고등학교 학생들에게 "세상은 원래 불공평한 것이니 그런 현실에 대해 불평하지 말고 현실을 받아들이라."고 한 말도 더 많은 것을 갖기 위해 숨 가쁘게 살기보다 자신이 현재 가지고 있는 것에 만족하면서 한 걸음 한 걸음 나아갈 때 시기심이나 이기심이 없어지고 더 풍요로운 미래를 기약할 수 있다는 의미일 것이다.

세상이 당신에게 줄 당연한 몫이란 없다. 특권 의식에 사로잡힌 사람은 내게 당연한 몫이 주어지지 않는다고 투덜대느라 열심히 노력하지 않는다. 내가 어떤 사람이고 어떤 일들을 겪었으니 당연히 얻어야 한다고 기대할 뿐이다. 문제는 이렇게 세상이 불공평하다고 생각하며 권리만 주장하다 보면 자기 행동을 책임감 있게 받아들일 수 없게 된다는 것이다. 또 이런 사람들은 타인에게 비현실적인 요구를 하거나 내 몫만 신경 쓰므로 바람직한 인간관계도 맺지 못한다.

뿐만 아니라 특권 의식이 있는 사람은 원하는 것을 얻지 못하면 부당하게 손해를 봤다는 생각으로 괴로워한다. 더욱이 지금 내 손에 있는 물건과 자유를 즐기지 못하고, 내게 없는 물건과 할 수 없는 것에만 온 신경을 곤두세우니 삶에서 가장 소중한 것들을 놓쳐버릴 수밖에 없다. 불공평한 세상에 대처하는 투자 방법이 따로 있는 것이 아니다. 특권 의식을 버리고 저마다 삶은 다르지만 타인도 나와 같은 고민이나 슬픔, 불행을 경험한다. 이 세상에는 나보다 더 힘든 일을 이겨낸 사람들이 많다. 쉬운 인생을 약속받은 사람은 아무도 없다.

투자하면서 벌어지는 상황을 바꿀 수는 없지만 어떻게 반응할지는 선택할 수 있다. 이럴 때 피해의식을 가지지 말고 내게 닥친 문제나 상황에 적극적으로 대처하면 된다. 세상이 불공평하다고 아무 것도 안하면 계속 뒤처질 뿐이다. 내가 얼마나 능력이 있는 사람인지를 생각하지 말고 내가 실제로 얼마나 많은 노력을 하는지 관심을 집중하라. 그때 발전하고 성장하게 된다. 세상 탓을 하지 말고 자신을 객관적으로 바라보는 것이 우선이다.

우리는 익숙한 것이 아닌 것에 잘 도전하지 않는다. 하지만 도전하는 것과 도전하지 않는 것은 큰 차이가 있다. 나무를 심는 것과 심지 않는 것은 엄청난 차이가 있다. 한 그루 한 그루 심다 보면 숲이 될 수 있지만 심지 않는다면 아무런 일도 벌어지지 않는다. YOLO족을 뭐라고 하는 것이 아닌 적당한 미래 준비는 현대사회에서 필수이다. 부자는 하루아침에 되지 않는다. 천천히 돼가는 것이다. 나무 한 그루 한 그루 심는 과정과 동일하다.

현대는 근로 소득만으로 부자가 된다는 건 거의 불가능하다. 자본주의에서는 부자가 되려고 열망해야 한다. 흙 수저가 부자가 되려면 근로 소득으로 새로운 창업을 해야 한다. 부자가 되려면 창업은 좋은 방법 중 하나다. 하지만 우리는 창업을 도전하기엔 리스크가 크다고 생각을 한다. 그러면 새로운 방식의 대안이 있을까? 부동산 투자로도 창업을 할 수 있다. 1억 원이 7,000만 원이 되는 것은 위험이 아닌 변동이다. 물론 투자 후 10년이 지났을 때 0원에 가깝게 가치가 하락한다면 분명 위험이다.

부동산 투자는 리스크가 있지만 0원으로 될 일은 없다. 나만 일해서는 부자가 될 수 없다. 자본이 일하게 만들어야 한다. 부동산 투자는 금방 되는 것이 아니라 천천히 돼가는 과정이다. 부자가 되기 위해서는 공부는 필수이다. 이 공부가 세상을 불공평하게 만드는 것이다. 자본주의 세상에서는 가난하게 사는 건 의미가 없다. 부자로 살아야 한다. 그리고 자본도 스스로 일하게 해야 한다. 그런 관점에서 부동산 투자는 좋은 투자처이다.

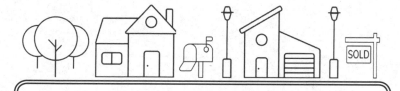

4장

평생 돈 걱정 안 하게 만드는
부동산 투자 7가지 원칙

- 01 -

레버리지를 활용하라

레버리지는 투자의 꽃

고대 그리스의 물리학자인 아르키메데스는 지렛대의 원리를 발견한 후 왕 앞에서 "나에게 설 땅과 충분히 긴 지렛대를 주면 이 지구도 움직여 보이겠다."고 호언장담을 했다. 이것은 어떠한 무거운 물건이라도 지렛대를 이용하면 쉽게 들어 올릴 수 있다는 레버리지(Leverage) 효과를 말한 것이다. 아르키메데스의 레버리지 효과를 금융 상품에 적용해보자. 만약 누군가가 '돈 1억을 10년간 빌려줄 테니 매년 3%의 이자만 지급하라' 한다면 우리는 돈을 빌려준 사람에게 300만 원의 이자만 지급하면 되므로 300만 원보다 많은 수익을 내는 금융 상품에 투자하려 할 것이다. 여기서 이자는 고정되어 있으므로 그 이상의 수익을 거둘 수만 있다면 결과적으로 투자자에게 유리한다. 바로 이것이 레버리지를 활용한 투자이다.

레버리지 효과는 기업 경영에서 비롯된 말이다. 기업이 새로운 사업을 추진하는데 자기 자본이 부족하다면 은행의 대출 또는 사채를 이용할 수밖에 없다. 이렇게 확보된 부채를 잘 활용하여 신규 사업 투자를 성공적으로 이끌어 많은 영업 이익을 벌어들인다면 기업에게 도움이 된다. 레버리지를 잘 활용한다면 자기 자본이 많지 않더라도 수익을 많이 낼 수 있으므로 기업 경영이 원활해지는 것이다.

특히, 투자 분야에서 레버리지 효과가 그 실효성을 거두기 위해서는 저금리라는 환경이 조성되어야 하고 많은 수익을 거둘 만한 투자 대상이 있어야 한다. 2000년 이후 본격적으로 저금리 기조가 유지됨에 따라 보다 고수익을 낼 수 있는 투자 방법으로 레버리지를 이용한 투자가 자리를 잡았다. 이 시기부터 실질 은행 금리가 2%대에도 채 미치지 못해서 예금, 적금에서 주식과 부동산으로 투자 패턴이 바뀌었다.

그중에 일반 서민은 자기 자본이 많지 않으니 낮아진 은행권의 대출을 이용하여 이자 비용을 훨씬 상회하는 고수익 상품에 투자하려는 시도가 많아졌다. 실제로 이러한 레버리지 효과를 이용하여 주식과 부동산에 투자해 고수익을 올린 사람들이 많아졌다. 2000년대 초반부터 중반까지 레버리지 효과를 이용한 투자가 성공했던 이유는 유례없는 세계 경제 호황으로 주식과 부동산 가격이 급등했기 때문이다.

레버리지를 활용한 투자가 분명 수익률을 높이는 데 좋은 효과를 내지만 자기 자본을 일정 부분 확보하지 않은 상태에서 레버리지를 활용해 투자하는 행위는 한편으로 상당한 위험에 노출되게 된다. 자산 가치가 상승하면 그만큼 시장에 통화량이 많아져 물가가 상승하고 경기가 과열되기 쉽다. 그 결과 중앙은행은 금리를 올려서 물가 상승을 억제하고 유동성을 조절하여 할 것이다.

금리 상승은 대출 이자 부담을 부르고 그 결과 투자자에게 돌아와 주식 혹은 부동산을 헐값에 팔아야 하는 상황이 올 수도 있다. 따라서 레버리지 효과를 이용한 투자를 할 경우에는 금리 및 경기 순환 흐름을 주도 면밀하게 파악하는 것이 무엇보다 중요하다. 레버리지 투자에 실패하는 대부분 원인은 수익률 높은 것에만 관심이 많고 잘못하면 손실을 입을 수 있다는 점을 간과하기 때문이다. 대표적인 경우가 금리가 상승해서 수익보다 금리 인상에 따른 비용부담이 큰 경우를 말한다.

레버리지(Leverage)는 투자의 꽃이라고 불리며 투자자에게 막대한 수익을 가져다준다. 부동산 투자도 쉬운 것이 없다는 것을 느낄 때가 되면 자신의 수익을 극대화하기 위해 레버리지 투자를 하곤 한다. 레버리지란 '지렛대'라는 뜻 그대로 원래 자신이 가진 힘보다 더 큰 힘이 필요한 무언가를 들어 올리거나 움직이려고 할 때 사용하는 것이다. 레버리지 효과란, 자신이 순수하게 가진 힘과 그 힘을 증폭시킬 수 있는 도구적 장치를 이용해 순수하게 가진 힘 이상의 효과를 누리게 되는 것을 의미한다. 따라서 부동산 투자 관점에서 레버리지 투자란 자신이 가진 투자금을 기초로 추가적인 자금을 빌려 투자함으로써, 원래 자신이 가진 투자금 이상 수익을 거두는 투자 기법이다. 이 레버리지 투자는 투자자들에게는 일정한 투자 기법이 될 수 있고, 잘 사용할 경우 수익을 극대화 할 수 있는 도구로 사용된다. 부동산 투자의 경우 은행 담보 대출을 끼고 집을 매입하는 경우가 대표적인 레버리지 투자다.

담보 대출 비율에 맞추어 자신이 가진 돈으로 살 수 있는 집보다 더 비싼 집을 사들임으로써, 집값이 오를 때 더 많은 수익을 올릴 수 있게 된다. 예를 들어 자신이 가진 돈이 1억 원이라고 할 때에, 1억 원을 담보로 1억을 대출받게 되면, 원래는 1억 원만큼의 부동산을 살 수 있던 것을, 2억 원짜리 부동산을 1개 사거나 1억 원짜리 부동산을 2개 살 수 있게 된다. 그럼, 당장 수익은 약 2배가 되게 된다.

레버리지 투자는 수익을 극대화하게 만들어주지만, 반대의 경우 손실의 극대화를 불러오게도 한다. 즉, 손실이 자신이 가진 투자금을 잃는 것을 넘어 빚을 지게 되는 일도 벌어지기 때문이다. 이것이 레버리지 투자의 위험성이다. 수익을 극대화하기 위해서는 그만큼 위험을 고려해야 한다. 물론 위험 없는 투자는 세상에 존재하지 않는다. 하지만, 레버리지 비율에 따라 투자의 수익 규모와 손실 규모는 비례하여 늘어나는 문제를 내포하고 있다.

레버리지 잘 활용하는 것도 능력이다

부동산 투자에 있어서 레버리지 효과는 꼭 필요하다. 현대사회는 자신의 소득만으로는 정말 집을 구하기가 너무 힘들다. 오히려 자신의 일정한 투자 성향과 패턴을 잘 고려해서 레버리지 효과를 이용하면 빠른 시일 내로 목표한 수익을 달성하게 해주는 주요한 투자 기법임에는 틀림없다. 현명하고 지혜롭게 상황에 맞추어 사용할 때 수익은 반드시 투자자에게 돌아온다.

두 사람이 있었다. A는 자기 자본금 2,000만 원을 가지고 은행에서 8,000만 원을 담보 대출을 받아 1억 원짜리 집을 구입했다. 5년 후 집값은 50% 상승해서 1억5,000만 원이 되었고 B는 열심히 모은 돈 2,000만 원으로 2,000만 원짜리 집을 구매했다. 5년 후 집값은 3,000만 원이 되었다. 이 두 경우를 비교를 해보면 똑같이 2,000만 원을 가지고 투자를 했으나 투자 수익률은 5배나 차이가 나게 된다.

항목	A	B
구매 당시 집값	1억 원	2,000만 원
자기 자본(투자금)	2,000만 원	2,000만 원
레버리지(대출금)	8,000만 원	
5년 후 집값	1억5,000만 원	3,000만 원
순수익	5,000만 원	1,000만 원
5년간 수익률	250% (B대비 수익률 5배)	50%

이것을 보면 레버리지를 활용한 경우가 부를 더 빨리 이룰 수 있다는 것을 알 수 있을 것이다. 부동산 레버리지의 경우는 대표적인 경우가 대출 레버리지와 전세 레버리지가 있다. 우리가 아는 모든 기업체들도 모두 레버리지를 활용한다. 기업의 경우에는 대출 레버리지, 인력 레버리지를 이용한다. 특히 큰 기업체들의 경우에는 대출뿐만 아니라 우수한 인력을 채용해 일을 하게 함으로써 인력 레버리지도 활용을 한다.

부동산 투자의 경우도 규모가 점점 커짐에 따라서 회사를 설립할 경우에는 인력 레버리지를 심각하게 고민을 해야 하는 시기가 분명 올 것이다. 부동산 투자와는 별개의 이야기이지만 세계적인 플랫폼 기업의 경우는 자체 생산을 하지 않는다. 중국 알리바바의 경우는 제품 생산을 하지 않고 알리바바에 입점한 기업이 제품을 생산하고 수수료를 알리바바에게 지불한다. 페이스북도 마찬가지다. 많은 사람들이 페이스북을 이용하게 하고 실제로 수익이 발생하는 것은 광고에서 발생한다. 이처럼 많은 세계 일류 기업체들은 자체적으로 하기 보다는 레버리지를 활용해서 일류 기업으로 발돋움한 것이다.

부동산 투자를 성공적으로 하기 위해서는 시간, 자원, 지식, 인맥을 아웃소싱해서 성공을 위한 지렛대를 만드는 것이 제일 빠른 길이다. 처음에는 아웃소싱 할 것이 없다고 하겠지만 투자 금액의 커지고 사업의 규모가 커지게 되면 분명히 위의 4가지 아웃소싱을 심각하게 고려하는 시간이 다가올 것이다.

부동산 투자에서 대출 레버리지 말고 전세 레버리지를 보도록 하자. 전세 레버리지는 전세를 끼고 집을 사는 것을 말한다. 담보 대출 비율보다 전세가율이 높은 부동산을 찾으면 투자금도 낮아지고 대출 시 발생하는 이자도 발생하지 않으니 그 수익률은 훨씬 더 높다.

구분	일반	대출 레버리지	전세 레버리지
시세	5억	5억	5억
투자금	5억	1억5,000만	1억
대출 (3%)		3억5,000만	
전세			4억
집값 상승	3,000만	3,000만	3,000만
순이익	3,000만	1천950만	3,000만
수익률	6%	13%	30%

이와 같이 전세를 끼고 전세 레버리지를 활용하면 신축 아파트도 2억 원이면 매수를 할 수 있다. 서울의 경우 학군이 좋은 동네일 경우에는 전세 물건이 귀하다 보니, 전세가 비율이 높은데 이런 곳을 잘 찾아보면 전세 레버리지를 활용해서 투자가 가능하다. 그리고 구축 아파트 중 전세가율이 높은 곳은 1억 미만으로도 투자가 가능하다.

남들은 다 부동산으로 돈을 버는 것 같은데 자본이 부족해서 투자를 못한다고 생각하고 있다면 대출 레버리지나 전세 레버리지를 통해 부동산 투자하는 것을 주목해보길 바란다.

- 02 -

경제적 불황기가
부동산 투자 타이밍이다

부동산 투자, 불황기를 노려라

"코로나19로 불황인데 지금 집을 사는 게 맞는 건가요?"

 주변에서 이런 질문을 많이 한다. 지금은 부동산 조정기이며 당분간 지속될 가능성이 있다. 그러나 이런 때일수록 관망하지 말고 움직이고 갈아타야 하는 시기이다. 한마디로 부동산 값이 떨어지는 시기야말로 매수자 우위의 시장이므로, 현재 가진 돈이나 부동산이 상대적으로 열위에 있는 사람들이 움직일 기회인 것이다.

우선 무주택자라면 분양이나 경공매를 노리는 것이 가장 유리하다. 신규 분양의 경우 시세 대비 보통 20~30% 이상 가격이 싸서 지금 들어가더라도 손해를 보지 않고 다음 상승기를 노릴 수 있다. 그리고 경기가 어려우면 경공매 물건이 많이 나오는데 이럴 때 낙찰가율이 떨어져 다른 때보다 낮은 가격으로 당첨 확률을 높일 수 있다. 지금 현재만 보는 것이 아니라 3~4년 뒤 다시 경기가 좋아졌을 때를 대비하여 싼 가격으로 매입을 하는 것이다.

불황기 부동산 투자 전략 ① : 최대한 싸게 사자

대출 규제 등 각종 규제와 세금 부담으로 집값이 당분간 크게 오르기 힘든 상황이다. 이에 주택 시장도 투자 위주에서 실수요 위주로 재편된 상황이다. 이러한 가운데 실 수요층인 무주택자들이 집을 구매하고자 한다면 최대한 저렴한 가격에 주택을 구매해 리스크를 줄여야 한다. 그러기 위해서는 급매나 경공매 등에 관심을 갖는 것이 좋다. 청약 가점이 높은 무주택자들이라면 분양가 상한제가 적용되는 아파트를 노려보는 것도 한 방법이 될 수 있다.

불황기 부동산 투자 전략 ② : 우량 부동산에 투자하라

부동산 시장에 불황이 오면 주택 시장 양극화 현상은 더욱 심해진다. 실제 현재 부동산 시장만 봐도 똑똑한 한 채 열풍이 불면서 서울은 집값이 계속 오르고 상대적으로 경쟁력이 낮은 지방의 부동산은 침체된 상태이다. 앞서 최대한 싸게 사는 것이 리스크를 줄이는 방법은 맞지만 무조건 싸다고 사면 낭패를 볼 수 있는 것이 바로 부동산 투자이다. 따라서 지역 내 랜드 마크 아파트이거나 학군이 좋은 아파트 등 많은 사람들이 선호하는 부동산을 구매하는 것이 중요하다. 불황기에는 랜드마크와 블루칩 부동산 보유가 유망하다.

불황기 부동산 투자 전략 ③ : 시세 차익보다는 현금 수익을 얻을 수 있는 부동산에 투자하라

불황기에는 버틸 수 있는 부동산은 꾸준히 현금 흐름을 창출할 수 있는 부동산이다. 따라서 시세 차익 위주의 부동산만 보유하고 있다면 팔아서 현금 창출이 가능한 부동산으로 옮겨 타는 것이 좋다. 임대료가 꼬박꼬박 나오는 부동산으로는 상가, 오피스텔, 소형 아파트 등이 있는데, 침체기에는 자산 가치가 떨어질 수 있어서 입지를 최우선으로 해서 분산 투자해야 한다. 입지가 우수한 부동산은 불황기에도 가격 하락을 최소화할 수 있다. 또한 고정 수입이 발생하지 않고 환금성이 떨어지는 부동산, 예를 들면 시골의 논이나 밭 등의 토지 등은 주의를 해야 한다.

불황기 부동산 투자 전략 ④ : 부동산의 가치를 높여라

불황기에는 단순히 부동산을 보유하고 있다는 것만으로 수익을 올리기란 쉽지 않다. 따라서 부동산의 부가가치를 높일 수 있는 전략이 필요하다. 예를 들면 낡은 건물을 리모델링하거나 경매로 낙찰 받은 아파트를 인테리어 공사를 해서 월세 수익을 높이는 경우, 주택을 상가로 용도 변경을 하는 경우 등을 들 수 있다. 이렇게 하면 수익성이 없어 잘 팔리지도 않던 건물도 높은 가격에 팔릴 수 있다. 구조 변경, 인테리어 등으로 변화를 주면 부동산의 가치를 높일 수 있다.

불황기 부동산 투자 전략 ⑤ : 성공 확률이 높은 부동산에 투자하라

이 세상은 종종 정글에 비유되곤 한다. 그 이유는 살아가는 것이 동물의 왕국과 동일한 원리로 돌아가기 때문일 것이다. 배고픈 사자가 생존하기 위해서는 사냥을 대충하지 않는다. 굶어죽지 않기 위해서 죽기 살기로 사냥을 한다. 우리가 사는 세상도 마찬가지다. 부동산 투자도 마찬가지다. 특별히 부모한테 많은 유산을 물려받은 사람이 아니라면 우리가 할 수 있는 유일한 방법은 하루하루 노력하는 것밖에 없다.

부동산 투자에서 성공하기 위해서도 죽기 살기로 노력해야 한다. 그렇게 해도 전체 투자자 중에 약 20%밖에 성공하지 못한다. 이것은 통계적으로 나온 확률이고 이탈리아 빌프레도 파레토가 밝혀낸 것이다. '80 대 20 법칙'이라고도 하며 '파레토 법칙'이라고 많은 사람들에게 알려져 있다. 이탈리아 80%를 인구 20%가 소유하고 있는 것을 본 파레토가 일반

화한 경제 법칙이다.

　부동산 투자도 마찬가지로 투자하는 사람 100명 중 20명 정도만 성공할 수 있다고 보면 된다. 그중에서도 4명 정도가 큰돈을 번다. 모두 성공하는 것은 아니란 말이다. 부동산 투자라는 것이 쉽지 않고 확률이 낮다는 것을 반증하는 것이기도 하다. 부동산 투자의 확률을 높이기 위해서는 성공 확률이 높은 부동산에 투자해야 한다. 부동산 투자 시에는 그 부동산만 가지고 있는 잠재성을 극대화하는 것이 중요하다. 그래야만 남들과 다른 성공 확률을 높일 수 있다. 불황기에 성공하는 부동산 투자 법칙은 성공 확률이 높은 곳에 투자해야 한다.

불황기에 강한 역세권 오피스텔

　불황기에 들어서면 원활한 현금 흐름을 위해 오피스텔 투자하는 것도 좋은 전략이 될 수 있다. 본격적인 저금리로 접어들면서 소액 투자로 꾸준한 임대 수익을 올릴 수 있는 오피스텔 투자에 대한 관심이 커지고 있다. 그러나 일반인들의 경우 막상 오피스텔이 현금 흐름을 좋게 한다는 것을 알면서도 실제 투자에는 쉽게 투자하지 못하는 경우가 다반사이다. 주택보다 용도를 구분하기가 다소 복잡하고 수익률을 따지는 것도 어렵고, 임차인과의 분쟁 등 관리상의 어려움이 있어 주저하는 경우가 많기 때문이다.

그러나 경제적으로 불황에 접어들면 금리 이상의 안정적인 수익을 올리는 데는 오피스텔 투자만한 것이 없다. 1인 가구의 증가, 공급 물량 감소 등으로 오피스텔 임대 수요는 꾸준히 증가하고 있다. 매매 가격이 정체를 보이고 있는 지금이 오히려 오피스텔 투자의 적기가 될 수 있다. 오피스텔은 크게 업무형 오피스텔과 주거형 오피스텔로 나눌 수 있다. 업무형 오피스텔은 원룸형 오피스텔을 말하는데 주로 면적이 33㎡ 정도의 소호 사무실 또는 싱글족을 위한 직주 근접형 베드룸 형태이다.

반면 주거형 오피스텔은 아파트 대체 수요로 욕조와 베란다만 없을 뿐 평면 구성이 일반 아파트와 비슷하다. 이 가운데 임대를 통한 투자 수익 모델로는 도심 및 부도심의 역세권 업무형 오피스텔에 특히 관심을 가져야 한다. 벤처 등 소규모 기업들의 수요가 꾸준하고 월세 인상분에 대해서도 기업이나 도심권 수요층의 경우 크게 민감하지 않기 때문이다. 공실률 위험이 적고 임차인과의 월세 분쟁이 적은 지역이 오피스텔 투자에 있어서 가장 좋은 지역이라고 할 수 있다.

서울시의 인구 통계 연보를 보면 서울 내 5가구 중 1가구가 혼자 사는

'나 홀로 가구'인 것으로 나타났다. 통계청 자료를 봐도 우리나라 1인 가구 비중은 1995년 12.7%, 2000년 15.5%, 2005년 20%, 2008년 22.4% 등으로 꾸준히 증가하는 추세다. 결혼을 하지 않는 젊은 층이 독립하는 경우가 점점 늘어나고 있고 혼자 사는 노인도 증가하는 추세이다. 바람직한 현상은 아니지만 이혼율의 증가로 독신 가구까지 늘어나고 있다. 이런 변화는 앞으로 더욱 가속화될 것으로 보여 오피스텔 임대 수요는 꾸준히 증가할 것으로 예상된다.

오피스텔을 투자할 때 꼭 봐야 하는 것이 오피스텔을 사려는 사람들의 특성을 잘 봐야 한다. 업무용 오피스텔을 이용하는 사람들은 아파트와 달리 높은 층 오피스텔이 더 높은 가격을 형성하지 않는다. 오히려 오피스텔 이용하는 사람들은 이동이 편리한 저층을 선호하는 경우도 많기 때문이다. 그리고 가장 중요한 것은 교통이 편리해야 한다. 교통이 불편한 경우에는 아무리 오피스텔이 잘 지어졌더라도 공실이 많은 경우가 많다. 불황기 오피스텔 투자법은 공실률과 임차 분쟁 위험이 낮은 역세권이 가장 유망하다. 아파트와 비슷하지만 오피스텔은 성격이 조금 다르므로 그 점에 유념해서 투자를 진행해야 한다.

부동산 재테크는
결국 인맥테크이다

인맥의 중요성은 아무리 강조해도 지나치지 않다

우리나라 영화가 요즘 전 세계적으로 각광을 받고 있다. 영화 〈기생충〉이 제92회 미국 아카데미 시상식에서 작품·감독·각본·국제장편영화상을 받았다. 이미경 CJ그룹 부회장은 시상식에서 봉준호 감독과 함께 단상에 올라 작품상 수상 소감을 밝히면서 전 세계인들에게 주목을 받았다. 영화계에선 〈기생충〉 4관왕의 주역으로 이 부회장의 인맥 관리를 꼽는다. 이미경 부회장은 1995년 할리우드와 인연을 맺은 뒤 2017년 6월 미국 영화예술과학아카데미(AMPAS) 신규 회원으로 위촉됐다.

AMPAS 회원은 아카데미상 후보작을 투표할 권리가 있다. 2019년 11월에는 올해 로스앤젤레스에서 개관하는 아카데미 영화 박물관 이사로 선임되면서 활동 폭을 넓혔다. 이 부회장은 아카데미 회원을 대상으로 〈기생충〉시사회를 여는 등 미국 영화계에 작품을 알리기 위해 많은 노력을 기울여 이런 결과가 나오게 된 것이다.

직장인 사이에서도 인맥은 회사생활에 꼭 필요한 요소 중 하나다. 인맥의 중요성은 평소에는 큰 영향을 미치진 않지만, 인사 평가·승진·이직 등 결정적인 순간에 영향을 많이 미친다. 2019년 취업 포털 잡코리아의 조사 결과를 보면 이직 경험이 있는 직장인 86.4%는 인맥과 대인관계가 중요하다고 응답했다. 채용 공고를 보고 직접 지원서를 넣더라도, 지인 추천을 받을 수 있는 사람을 평소에 관리하는 게 도움이 된다고 생각하는 직장인이 많았다.

최근 2030세대 사이에서는 평생 한 직장에서 일하기보다는 잡호핑(Job-hopping)족을 선호하는 현상이 나타나고 있다. 잡호핑이란 경력을 키우기 위해 2~3년마다 직장을 옮겨 다니는 것을 말한다. 조직보다 개인의 삶을 중시하는 문화가 퍼지고 있지만, 역설적으로 잡호핑족이 늘면서 인맥의 중요성은 날로 더 커지고 있는 실정이다. 부동산 투자 모임에서도 인맥의 중요성이 매우 중요하다. 좋은 부동산을 소개시켜 주기도

하고 공동 투자를 많이 하기 때문이다. 공동 투자를 하는 사람들은 인맥을 활용하는 것을 매우 중요하게 생각하고 잘 활용을 한다. 투자를 하지 않는 일반인들은 인맥을 활용하는 것을 무언가 도덕적으로 옳지 않다고 느끼는 경향이 있는데 투자자들은 인맥 활용에 주저함이 없다.

일반인들은 인맥을 활용하고 싶어도 인맥이 없으니까 못하는 것이 더 클 것이다. 물론 그 없는 인맥이라도 활용하지 않으려 한다. 인맥을 활용해야 한다는 이야기는 결국 세상은 실력으로 모든 것이 결정나지 않는다는 것을 의미한다. 사람들의 능력은 대개 비슷비슷하다.

대기업에 들어가는 사람들은 엄청나게 뛰어난 인재들이고 떨어진 사람들은 다 별 볼일 없는 사람들일까? 그렇지 않다. 그 기업에 지원한 사람의 30~40% 정도는 누가 들어가도 별반 차이 없는 정도의 능력을 가지고 있을 것이다.

9급 공무원이라고 7급 공무원보다 머리가 나쁘다거나 그런 것은 아니다. 이들 중에도 똑똑한 사람들이 많다. 그냥 9급 공무원 시험에 붙어 9급 공무원인 것이지 7급 공무원보다 머리가 나쁘다는 뜻은 아니다. 기업도 마찬가지다. 업무 수행 능력이 크게 차이가 나지 않는다. 능력의 차이가 확연하면 인맥을 활용할 필요가 없다. 딱 눈에 띄는 지원자를 뽑으면 그만이다. 기업 입장에서는 그것이 이윤을 극대화할 수 있는 길이다.

인맥은 세상 사람들의 능력이 대개 비슷하므로 그 위력을 발휘하는 것이다. 어차피 다 똑같은 사람들이면 내 학교 후배, 내 동향사람, 내 혈연 그리고 지원자의 부모님이 어떤 사람인지를 가려서 뽑으려 할 것이다. 어떤 사람을 통해서 좋은 부동산 물건을 소개 받을 수 있냐 없냐가 투자의 10년 후를 결정할 수도 있다. 어떤 사람은 좋은 정보를 듣고 좋은 부동산에 투자해서 10년 동안 안정적인 수익을 경험한다.

반면 똑같은 능력치를 가진 다른 사람은 정보가 없이 아무데나 부동산에 투자를 했다고 해보자. 두 사람이 처음에는 비슷한 능력치를 가졌지만 10년이 지난 후에는 투자 수익 면에서 많은 차이가 날 것이다.

당연히 좋은 투자처에 투자한 사람이 모든 면에서 좋은 결과가 나올 가능성이 높다. 혼자서 성공하는 것보다 다른 사람의 도움을 받는 것이 더 성공할 가능성이 높다. 혼자 부동산 투자를 하는 것보다 스터디 그룹을 만들고 세미나에 많이 참석을 한 사람이 더 좋은 투자 결과를 만들어낸다. 자수성가의 환상에서 벗어나야 한다. 지금은 예전보다 훨씬 더 힘들다. 다른 사람의 도움 없이 성공하고자 하는 것은 경쟁자들은 자동차 타고 달릴 때 혼자 자전거 타고 따라잡겠다는 것과 비슷하다.

일정 수준에 도달하면 거기서부터는 능력으로 경쟁한다는 것은 대단히 어렵다. 경쟁자들끼리는 대개 비슷한 수준을 갖추었기 때문이다. 여기서 플러스 알파가 필요하다. 그게 대부분은 인맥이다. 하지만 그걸 깨달아도 이미 늦은 사람들이 대부분이다. 이미 어떤 직장에 들어가고 마흔이 넘은 상황에서 바꿀 수 있는 것은 많지 않다. 현재 자기의 인맥이 별로 없고, 뭔가 하기에 나이 많은 사람이 뭘 할 수 있을까?

대부분은 그냥 현실에 안주하고 적응하며 산다. 인생에서 꼭 성공해야만 하는 것도 아니고 성공의 기준도 사람마다 다르다. 인맥을 활용하는 것이 도덕적으로 옳지 않다고 생각하는 것도 존중할 수 있는 개인의 가치관이다. 다만 성공하고 싶다면 인맥은 엄청난 무기이다. 인맥은 올바른 방향을 알려주고, 그로부터 제대로 배울 수 있는, 나아가서는 투자에 도움도 받을 수 있는 무기가 될 수 있다.

주변 사람들을 보며 안타까운 것은 나에게 도움이 되는 인맥이 아닌, 인지도가 높은 사람과 가까이 지내려 한다는 것이다. 인지도만 높고 나에게 도움이 되지 않으면 인맥으로써 효과는 없다. 나에게 긍정적 영향을 끼치고 내가 성장할 수 있는 도와줄 수 있는 사람으로 주변을 채워라. 그저 유명한 사람이 있는 스터디 그룹에 참여한다고 해서 내가 성장하는 것은 아니다.

지혜로운 인맥 만드는 10가지 방법

인맥 관리는 우리가 살아가면서 매우 중요한 부분이다. 그런데 신기하게도 성공한 사람의 85%가 자신은 인맥으로 성공했다고 말하고, 기술과 지식으로 성공했다는 사람은 15%밖에 되지 않는다고 한다. 그만큼 인맥 관리는 우리 삶의 중요한 요소라고 할 수 있다.

우리는 살아가면서 학교, 직장, 사회생활 등 다양한 사람들을 만나게 되고 그들과 어울리며 그 속에서 쌓는 인맥이 얼마나 중요한 것인지 잘 알고 있다. 이러한 인맥은 결코 노력 없이 그냥 만들어지지 않으며 관리하기 또한 쉽지 않다.

살아가면서 정말 중요한 인맥도 관리를 해야 하고 노력을 해야 한다.

첫 번째는 매사에 부지런해야 한다

인맥 관리의 기본은 바로 부지런함이다. 새로운 사람을 만나 명함을 주고받은 후 명함 정리를 한다든지 바로 연락처를 저장하여 문자를 보내는 사람이 얼마나 될까? 이처럼 전화번호나 그 사람과의 기록에 대해 잘 정리해두거나, 정기적으로 모이고, 먼저 연락을 하는 등 사람들과의 관계에 있어 부지런한 자세는 기본이 되어야 한다.

두 번째는 우물 안 개구리가 되지 마라

늘 자신이 생활하고 있는 회사, 학교, 동네를 벗어나 새로운 사람들과 만나려고 노력해야 한다. 새로운 부동산 투자 모임이나 스터디 모임에 참여를 해야 한다. 다양한 사람들과 만나다 보면 자신이 미처 몰랐던 정보가 많아질 뿐 아니라 새로운 인연도 맺을 수 있다. 나와 같은 투자 성향을 가진 사람들의 모임에 참여하는 등 적극적으로 새로운 사람들을 만나려고 노력해야 한다. 물론 새로운 인맥을 만들었다고 해서 기존의 지인을 소홀히 해서는 안 된다.

세 번째는 약속, 경조사는 반드시 지켜야 한다

약속은 사회생활의 기본이다. 작은 약속이라도 잘 지키는 것이 인맥 관리의 기본이며 그래야 사람들의 신뢰를 얻을 수 있다. 만약 약속을 지키지 못할 경우 그에 합당한 충분한 설명을 하고, 후에 개인적으로라도 만나는 것이 좋다. 또한 지인들의 경조사는 반드시 챙기도록 노력해야 한다. 특히 애사의 경우에는 5~10만 원은 절대 아끼지 말아야 한다. 반드시 자신에게 다 되돌아온다.

네 번째는 명함, 연락처 관리를 잘해야 한다

대부분 받아놓은 명함에 대한 관리는 소홀해지기 마련이다. 명함을 받았을 때 상대방에 대한 정보나 받은 이미지, 느낌 등을 뒷면에 기록해두면 후에 잊어버리지 않는다. 꼼꼼하게 연락처를 정리하고 자신에게 연결되어 있는 인맥 네트워크를 만들어라. 스마트폰 또는 다이어리에 친구, 지인, 거래처 등으로 분류하고 연락이 오랫동안 끊긴 사람들은 날짜를 정해 반드시 만나는 것이 좋다. 틈틈이 연락처를 정리해라.

다섯 번째는 새로운 정보에 관심을 가지고 실력을 쌓아야 한다

좋은 인맥을 만들고, 관리하고, 활용하기 위해서는 자기가 활동하는 분야에서 전문가가 되어야 한다. 새로운 정보를 끊임없이 습득하고, 공부해야 자신뿐만 아니라 사람들과의 관계도 더욱 풍성해지고 서로 간의 정보공유가 이루어질 수 있다. 인간관계에서 정보를 주면 마음이 온다는 것을 기억해야 한다. 가장 중요한 포인트는 상대방이 나로 인해 어떤 것을 얻어 갔다는 느낌을 갖게 하는 것이 좋다. 좋은 정보나 자료는 정리해서 지인들에게 공유해 주면 좋은 이미지를 줄 수 있다.

여섯 번째는 감정 표현을 잘 해야 한다

고마우면 고맙다, 미안하면 미안하다를 큰 소리로 말해야 한다. 마음으로만 고맙다고 생각하는 것은 인사가 아니다. 남이 당신의 마음까지 읽을 수는 없기 때문이다. 자신의 감정을 표현한다는 것은 용기가 필요한 일이다. 상대방에게 감정 표현을 잘하는 사람은 결국 신뢰를 받고, 호감을 살 수 있다.

일곱 번째는 옛 친구들을 챙겨라

'구관이 명관이다.'라는 격언이 있다. 새로운 네트워크를 만드느라 지금 가지고 있는 최고의 재산을 소홀히 하면 안 된다. 정말로 힘이 들 때는 내 오래된 친구들이 제일 힘이 된다. 그러므로 자신의 주변부터 잘 챙겨야 한다. 서로 힘들 때 진심으로 힘이 되어줄 수 있는 진짜 친구 3명만 있어도 그 인생은 성공한 인생이라고 한다. 예전부터 함께한 친구들 먼저 챙겨야 한다.

여덟 번째는 옷이 날개이다

첫인상이 모든 것을 결정한다. 특히 새로운 사람들을 만나는 자리에서 더욱 옷차림에 신경 써야 하는 것은 기본이다. 평소에도 항상 유머와 미소로 사람들을 대하며 가능한 옷을 잘 입기 위해 노력해보라. 외모는 생각보다 중요한 요소다. 아울렛에서 열 벌 살 돈으로 좋은 옷 한 벌 준비해두는 것이 더 현명하다.

아홉 번째는 모두가 내 인맥이라는 생각을 가져라

같이 일하는 동료, 거래처 직원은 물론 건물 내에 근무하시는 경비 아저씨, 청소 아주머니 등 모두에게 잘 대해야 한다. 중요한 정보의 발신지이자 소문의 근원이 될 수 있기에 모두가 내 인맥이다. 평소 쌓아둔 공덕은 위기 때 빛을 발한다고 한다. 사람을 가려서 사귀지 말고, 인맥이 아니라고 느껴지는 사람들에게도 최선을 다해야 한다.

열 번째는 만나고 싶은 사람이 되라

맘씨 좋은 사장님이 하는 부동산에는 많은 사람들이 항상 있다. 이처럼 누가 다가오면 두렵고, 다가가기 싫거나 말도 꺼내기 싫은 사람이 아닌 사람들이 많이 지나다닐 수 있고 교류할 있는 사람이 되어야 한다. 자신과 남을 소중히 여기며 수많은 사람들이 나를 지나가게 해야 한다. 예상치 못한 새로운 인연의 기회가 더 넓어질 것이고 많은 정보를 습득하게 될 것이다.

수익형 부동산은 나의
연금 통장을 소유하는 것과 같다

부자 되는 것은 사랑하는 마음에서 시작된다

내가 가장 사랑하는 사람에게 내가 무엇을 해줄 수 있다는 것은 어떻게 보면 이 세상에서 가장 큰 행복 중 하나다. 오피스텔이라는 수익형 부동산 투자로 얻어진 경제적인 여유로움은 나와 내 가족에게 또 다른 삶의 기회를 제공해 주었다. 사실 부동산 투자의 계기는 '돈' 자체에 대한 욕망이 아니라 '사랑하는 가족을 위한 마음'에서 시작되었기에 물질적인 성공이 속되게 여겨지지 않고 소중하게 여겨지게 된 것이다.

부동산 구입 목적	실거주		
	투자	수익형 부동산 (경제 불황기)	주거용 수익 부동산
			상업용 수익 부동산
			숙박용 수익 부동산
		시세 차익형 부동산 (대세 상승기)	

가족을 더 잘 이해하고 사랑하게 되었고 자녀에게 주거의 안정감과 경제적 이득에서 오는 편안함을 선물해 줄 수 있었다. 부동산을 취득하는 목적은 크게 '실거주' 또는 '투자'를 위한 것으로 나눠진다. 투자를 위한 부동산은 '수익형 부동산'과 '시세 차익형 부동산'으로 분류할 수 있다.

부동산 투자에도 흐름과 유행이 있어 시기에 따라 다른 유형의 부동산이 주목을 받는데, 일반적으로 부동산 대세 상승기에는 시세 차익형 부동산에, 경제 불황기에는 수익형 부동산에 관심이 쏠리는 경향이 있다. 최근에도 선진국형 저성장 구도로 부동산 시장 구조가 변화함으로써 큰 시세 차익에 대한 기대가 낮아졌다. 베이비 붐 세대의 은퇴와 고령화 사회로의 진입으로 연금 형태의 안정적인 현금 흐름에 대한 관심이 높다. 그로 인해 수익형 부동산에 대한 수요가 많이 늘어났다.

아울러, 요즘과 같이 은행 예금 금리가 낮은 상황에서는 안정적이면서도 높은 수익률의 현금 흐름을 만들어내는 수익형 부동산만큼 매력적인 투자처를 찾기 힘들다. 수익형 부동산은 크게 '주거용'과 '상업용', 그리고 '숙박용' 수익 부동산으로 분류할 수 있다.

주거용 수익 부동산

주거용 수익 부동산은 아파트, 다세대 주택, 오피스텔, 다가구, 도시형 생활 주택 등 주거를 위해 만들어진 공간을 임대하여 수익을 얻는 부동산을 말한다. 같은 주거용 물건이라도 임대 수익을 얻기 위한 것인지 시세차익을 얻기 위한 것인지에 따라 접근 방법에 차이가 있는데, 대형 평형보다는 소형 물건이 월세 임차 수요가 더 많고 수익률이 높다. 높은 임대 수익을 얻기 위한 주거용 부동산은 소형의 아파트나 다세대 주택, 주거용 오피스텔, 그리고 도시형 생활 주택 등이 있다.

요즘과 같이 대가족에서 핵가족으로, 1인 가구로 세대 구성이 바뀌는 추세에서는 소액 투자로 임대 수익을 얻을 수 있다는 장점이 있다. 주거용 부동산은 입지가 아주 나쁘지 않다면 기본 수요가 있으므로 투자하기에 안전하고 무난한 부동산을 경매로 낙찰을 받으려면 경쟁률이 높은 만큼 많은 수익을 낼 수 있는 물건을 낙찰 받으려면 남들보다 더 많은 노력이 필요하다. 꼭 경매가 아니더라도 좋은 부동산을 찾으면 주변 시세 등의 조사를 철저히 하라.

비슷한 조건의 물건이 나중에 공매나 신탁으로 진행되면 누구보다 한 발 빠르게 가치를 알아볼 혜안을 가지게 되고 최종적으로 좋은 가격에 낙찰 받을 수 있는 기회가 온다. 이처럼 정확한 시세를 파악하는 습관을 들여놓으면 경매나 공매뿐 아니라 급매로도 좋은 물건을 저렴한 가격에 매입할 수 있는 기회를 쉽게 찾을 수 있다.

상업용 수익 부동산

상업용 수익 부동산이라고 하면 주변에서 가장 쉽게 접하는 상가를 제일 먼저 상상하게 되는데, 이밖에도 업무용 오피스텔, 아파트형 공장, 오피스 빌딩 등이 대표적이다. 부동산 투자를 처음 시작하던 시절에는 아파트나 오피스텔 같은 소액 주거용 부동산을 중심으로 부동산을 매입해서 전세를 놓는 것밖에는 몰라서 상업용 부동산은 어렵게 느껴졌다. 하지만 주거용보다 위험성이 높은 만큼 더 높은 수익을 기대할 수 있는 것도 사실이다. 그러므로 더 신중한 판단과 접근이 필요하다. 업무용 부동산 중에서 '오피스텔'은 주거용으로 겸용할 수 있다는 장점 때문에 임대료가 조금 비싸고 대체적으로 교통이 좋은 곳에 위치한 경우가 많다.

그리고 '아파트형 공장'은 흔히 생각하는 공장과는 조금 다른데, 일반적으로 산업단지 내에서 기업의 사무실로 사용되며 '지식산업센터'라고 보통 불리기도 한다. 이 아파트형 공장은 위치는 좋은 곳은 아니지만 상대적으로 오피스텔보다는 분양가나 임대료가 상대적으로 저렴하다.

상가와 같은 수익형 부동산은 월세 임대차 계약이 어느 정도의 가격에 형성되어 있느냐에 따라 매매가에 직접적인 영향을 미친다. 가령 연 12%의 수익률에 맞춰 매매가를 결정한다고 가정해보자. 월 100만 원으로 임대 계약이 되어 있는 상가라면, 1년 동안의 임대 수익은 1,200만 원이다. 1,200만 원은 1억 원의 연 12%에 해당하므로 이 상가의 매매가는 1억 원이 된다. 만약 월 120만 원에 임대 중이라면 같은 수익률로 계산했을 때 매매가는 1억2,000만 원이다. 월세 20만 원의 차이가 매매가로는 2,000만 원의 차이를 발생시킨다. 그리고 임대 계약이 보증금 5,000만 원에 월 100만 원인 상가라면, 매매가는 2억5,000만 원(= 보증금 5,000만 + 월세 환산 2억)으로 계산해 볼 수 있다. 따라서 임대 가격이 높은 상가를 잘 선택해서 투자하면 현금 흐름뿐 아니라 시세 차익에서도 높은 수익을 얻을 수 있다.

임대료	월 100만 원	월 120만 원	보증금 5,000만 원 월세 100만 원
매매가	100만 × 12 ÷ 0.12 = 1억 원	120만 × 12 ÷ 0.12 = 1억 2,000만 원	보증금 5,000만 원 + 월세 환산 1억 원 = 1억 5,000만 원
매매가 = 월세 × 12 ÷ 0.12(연 수익률)			
월세 = 매매가 × 0.12(연 수익률) ÷ 12			

입지가 공법을 이긴다

그렇다면 높은 임대 가격을 기대할 수 있는 상업용 부동산은 어떻게 찾을 수 있나? 제일 먼저 살펴야 할 조건은 입지이다. 사람이 몰리고 영업이 잘 되어 돈이 움직이는 곳이 임대가가 높고 당연히 시세도 높게 형성된다. 그러나 그만큼 경쟁이 치열하고 진입장벽이 높다. 레드오션이 아닌 블루오션인 투자 대상을 찾아야 한다. 아직은 상권이 무르익지 않았지만, 어느 정도 시간이 지나면 발전 가능성이 높은 곳을 찾아야 한다. 눈앞의 수익이 확실히 보이지 않는, 제대로 형성되지 않은 상권이지만 앞으로의 미래 가치를 볼 수 있다면 남들과는 다른 높은 수익을 맛보게 될 것이다. 그러나 남들과 다른 높은 안목을 가지기 위해서는 그만큼 더 치열하게 공부하고 발품을 팔아야만 한다. 요즘 투자자들이 찾은 '스터디 카페'가 바로 남다른 노력으로 얻어진 값진 결과라 할 수 있다. 노력하면 할수록 점차 보는 눈이 달라지고, 보는 눈이 달라지면 수익이 달라진다.

숙박용 수익 부동산

숙박시설은 고객이 숙박을 할 수 있도록 서비스를 제공하고 요금을 받는 곳인데, 대표적인 숙박용 수익 부동산으로는 펜션, 호텔, 모텔 등이 있고 최근 각광받고 있는 게스트 하우스도 있다. 숙박용 부동산에 투자하기 위해서는 일단 주변 상권을 파악하는 것이 무엇보다 중요하다. 숙박시설 주변 경쟁 업소들의 수익 현황을 잘 살펴보고, 또 그 숙박업소에 올 수요를 파악하고, 실제로 그 숙박업소에 묵으면서 영업 상태를 확인해야 한다. 예를 들면 영업장 주차장에 주차되어 있는 차량 대수를 확인하는 것이나 한전에 들러 6개월 정도의 전기요금을 알아보는 방법을 이용할 수 있다. 그리고 숙박시설을 이용하는 고객들은 깨끗한 신축 건물을 선호하므로 관리 상태 역시 잘 고려해야 한다. 숙박용 부동산의 수익은 다른 수익형 부동산과 달리 임대 수익보다 사업 수익에 더 가까우므로 개인 사업자 등록과 영업 허가에 관한 부분도 반드시 확인해야 한다.

숙박용 부동산은 영업 허가권을 잘 승계할 수 있는지 꼭 확인해야 한다. 승계가 되지 않으면 허가가 나오는 과정까지 많은 시간이 소요되므로 그 기간(약 1~2개월) 동안 손실이 불가피하다. 특히 지역에 따라 숙박시설에 대한 신규 허가가 나오지 않는 경우도 있으므로 미리 확인을 해야 한다. 이러한 사전에 철저한 조사가 이루어져야 숙박용 부동산 투자에 대한 위험을 줄이고 더 높은 수익을 기대할 수 있다.

수익형 부동산은 비슷한 부분도 있지만, 성격이 전혀 다른 부분도 있으므로 실제 투자에서는 꼼꼼한 조사와 신중한 판단이 요구된다. 수익형 부동산은 다른 부동산보다 투자금액이 높지만 잘 고민해서 투자하면 투자금 대비 월등한 임대 수익을 얻어 낼 수 있다.

경제 신문,
부동산 투자의 최고 교본

투자자의 눈으로 바라보라

대부분의 사람들이 독립하거나 결혼 등으로 당장 집을 사거나 전세를 마련해야 할 때가 되면 비로소 부동산에 관심을 가지게 된다. 하지만, 관심을 갖고 부동산에 대해 꾸준히 공부하지 않으면 내 집을 마련하기도 어렵고, 투자를 할 여건도 만들어지지 않는다. 부동산 시장은 매년 상승 그래프를 그리며 급격히 변하고 있다. 이제는 결혼을 한 뒤 착실히 돈을 모아 내 집을 마련하고, 점점 더 큰 아파트로 넓혀가기만 하면 되던 재테크 방식은 통하지 않는다.

과거 서울의 부동산은 사기만 하면 무조건 가격이 올랐으나 지금은 과거와 달리 더 이상 부동산 시장의 흐름이 천편일률적이지 않다. 특히, 같은 서울이라고 하더라도 어떤 곳은 많이 오르고 반면 어떤 곳은 떨어진다. 수요와 공급 면에서도 초과하는 지역과 부족한 지역이 뚜렷하게 나뉜다. 전국적으로 보아도 각각의 지역이 나름의 이유로 시시각각 변하고 있다.

즉 시기별, 지역별로 가격 변동의 원인이 천차만별인지라 전문가들조차도 이후의 상황에 대해 전망하기가 매우 어려워졌다. 전문가에게도 어려운 일인데, 일반인이 어떻게 오르는 지역을 정확히 예측할 수 있을까? 매번 성공하기는 어려워도 실패를 피할 수 있는 방법은 있다. 실패를 피하는 가장 확실한 방법은 철저한 공부이다. 사전에 철저히 준비하고 대비하는 것이 지금과 같은 불확실성의 시대를 이겨내는 최고의 비법이다.

나는 정말 무작정 부동산 투자를 시작했기에 성공적인 투자를 하기까지 많은 시행착오를 겪었다. 재산을 키우는 방법은 복잡하거나 어려운 일이 아니다. 도전정신과 끈기만 있으면 누구나 가능하다. 워런 버핏은 "책과 신문 속에 부가 있다."고 말했다. 나는 책은 문학소설이나 시집만 있는 줄 알았다. 그런데 서점에 가보면 정말로 많은 재테크 책이 있다는 것을 알게 될 것이다.

어느 날 내가 필요한 책을 사고 잠깐 시간이 남아 재테크 책 코너에 가 보았다. 주식, 부동산, 창업 등등 너무 많은 책들이 있었다. 그리고 신기한 것이 재테크 책은 보면 갑자기 힘이 생기는 느낌을 많이 받는다. 나도 곧 이들처럼 부자가 될 것 같은 느낌이 좋았고 도전하고 싶은 마음이 생겼다. 그 이후로 나는 소설이나 에세이 책도 읽지만 관심 있는 재테크 책도 꾸준히 읽기 시작했다. 아래는 실제로 내가 매일 하는 구체적인 독서법과 참고가 될 만한 자료들이다.

처음에는 너무 큰 욕심을 부리지 않는 것이 좋다. 내가 매일 하는 부동산 공부는 크게 경제 동향 공부와 물건 공부 두 가지로 나뉜다. 먼저 시장의 흐름을 파악하기 위해 하루 1시간 공부를 한다. 이 시간만큼은 집중해 공부해야 하는 관계로 회사를 마치고 집으로 와서 늦은 밤이나 새벽을 이용해 공부를 한다. 3개월 이상 꾸준히 하면 부동산뿐만 아니라 전반적인 경제 분야에 관련된 기초지식을 쌓을 수 있다.

① 매일 경제 신문 읽기

매일매일 경제 신문을 구독하여 새벽시간에 읽거나 새벽에 시간이 나지 않으면 퇴근 후 저녁에 읽는다. 부동산과 경제 부분 기사는 처음부터 끝까지 꼼꼼하게 읽는다. 경제 신문에도 기술과 문화 분야에 관련된 기사들이 있는데, 가급적이면 이것도 빼놓지 않고 읽는다. 경제는 인간의 삶과 밀접한 관계가 있어서 우리 일상의 많은 부분과 서로 영향을 주고받는다. 따라서 부동산과 별개인 것처럼 보이는 이슈도 보는 것이 도움이 많이 된다. 읽은 기사는 주제별로 따로 파워포인트에 정리를 한다. 지속적으로 추가하고 편집을 하다 보면 나중에 물건이나 호재 개발 지역 등을 선별할 때 많은 도움이 된다. 경제 신문을 이해하는 것이 다소 어려운 초보자의 경우는 재테크 섹션의 쉬운 기사부터 읽어보자.

② 매일 재테크 책 읽기

부동산 투자를 기본으로 금융 투자, 성공학, 시간 관리 등의 경제 경영서와 자기계발 분야의 책들을 주로 읽는다. 모든 페이지를 다 읽거나 맨 앞 장부터 순서대로 읽지 않아도 된다. 매일 자기가 관심이 있는 부분부터 읽어도 상관없다. 매일 조금씩이라도 읽으려고 하는 노력이 제일 중요하다. 투자 관련 책을 읽을 때는 순서에 상관없이 필요한 정보 위주로 읽기를 권한다. 책의 앞쪽에 있는 목차를 보고 필요한 부분을 찾으면 된다. 내가 지금 궁금한 부분이나 투자하고 있는 분야에 관련된 내용을 찾아 그 부분부터 읽으면 된다.

③ 온라인 커뮤니티 활용하기

내가 제일 많이 활용하는 방법이다. 지금은 많은 사람들이 부동산 관련 온라인 카페, 블로그, 칼럼 등을 운영하는 사람들이 많다. 이 중에는 내용이 부실한 사이트들도 있지만 의외로 회원 수도 많고 좋은 정보를 많이 담고 있는 사이트들도 있다. 정보를 수집하는 능력은 다 자기가 노력하는 만큼 생긴다. 내가 먼저 고급 정보를 사람들에게 소개하고 공유해주면, 다른 회원들도 고마운 마음에 좋은 정보를 나눠준다. 단, 인터넷상의 정보는 검증이 되지 않은 부분들도 있어 경제 신문과 책을 통해 경제지식을 꾸준히 쌓아야 의미 없는 정보를 걸러낼 수 있다.

④ 세미나, 강의 참여하기

초보자라면 세미나와 강의를 적극 활용하자. 나도 처음에는 신문이나 책을 통해서만 투자 지식을 쌓으려고 노력을 많이 했지만 혼자서 하는 공부는 한계가 있다. 실제로 투자 고수들이 하는 세미나를 들어보면 이해가 훨씬 빠르고 모르는 부분은 질문을 할 수 있는 기회가 많아 실질적인 도움이 많이 된다. 투자 고수들은 미래를 보는 안목이 다르다는 것을 금방 느낄 수 있을 것이다. 시간적, 경제적 여건만 허락한다면 최대한 많은 세미나에 참석하는 것을 권장한다. 강의와 세미나에서 더 깊이 있는 지식과 고급 정보를 얻을 수 있기 때문이다. 그리고 운이 좋으면 강의를 듣는 사람들끼리 서로 안면이 트이면 투자를 같이할 수 있는 투자 파트너를 만날 수도 있다.

부동산 투자를 시작한 후 경매에도 관심이 생겨 경매 공부를 위해 경매관련 책을 읽은 후 어느 정도 물건을 보는 눈이 생긴 다음에는 경매 공부를 위해서 하루에 투자 물건 30개를 검색하는 연습을 했다. 직장인이 퇴근하고 매일 경매 정보 사이트에 올라온 물건 30개를 검색하는 것은 사실 쉽지 않다. 그러나 어떤 일이든 고수의 경지에 오르려면 절대적인 시간과 노력이 필요하다. 꾸준히 하면 수익이 나는 물건을 찾아내는 안목이 생긴다.

하지만 부동산 투자를 막 시작한 초보자들에게 매일 30개의 물건을 찾는 것은 현실적으로 불가능하므로 처음 시작하는 사람들은 매일 3개의 물건을 찾는 연습을 해보길 추천한다. 꼭 경매가 아니더라도 일반 부동산 매물을 찾아도 상관없다. 일반 매매부터 접근하면 거부감 없이 접근하기가 쉽다. 각 아파트의 입지, 호가, 실거래가, 호재, 악재 등 관련 정보를 빠짐없이 찾아보고 인터넷으로 기본 정보를 검색한다. 그 다음 중개소에 직접 전화를 걸어 문의도 해보고 반드시 현장 방문해서 조사를 해봐라. 꾸준히 하면 오래도록 써먹을 수 있는 부동산 투자 내공이 생긴다. 이 투자 내공을 기반으로 다양한 투자 분야에 도전하면 된다. 매일 경제 동향 공부와 물건 공부를 해나가면 다른 사람들이 부동산 시장은 이제 끝났다고 걱정하거나, 혹은 앞으로 당분간은 괜찮을 것이라는 예측을 내놓았을 때에도 다른 사람들의 말에 휘둘리지 않는다. 철저히 본인의 기준에 따라 투자를 결정할 수 있다.

부동산 공부 로드맵

독서는 투자 고수들의 노하우를 내 것으로 만드는 가장 빠르고 쉬운 방법이다. 투자 방법뿐만 아니라 그들이 갖추고 있는 부자 마인드에 귀를 기울여 보면 더 빠른 시일 내로 부자가 되는 길이 보일 것이다. 매일 꾸준히 조금씩 읽는다면 1년에 30권 넘는 책을 읽을 수 있다. 나는 한 달에 약 15권의 책을 읽어 1년이면 180권 정도를 읽는다. 읽은 다음에는 신문 기사와 마찬가지로 중요한 페이지를 따로 관리를 하거나 자신의 블로그에 업로드 해놓으면 많은 도움이 된다. 부동산 투자를 처음부터 너무 어렵게 생각하지 말고 차근차근 아래 로드맵을 따라 차근차근 해 나가면 된다. 사실 이 로드맵을 따라 실행하는 것이 꽤 많은 노력과 시간을 필요로 한다. 그러나 인내는 쓰지만 열매는 단 법. 꾸준히 하신다면 언젠가 좋은 투자결과가 당신을 기다리고 있을 것이다.

1단계 : 시장 흐름 파악	2단계 : 부동산 물건 공부	3단계 : 투자 방법 도출/확장
하루 1시간 경제 동향 공부 ① 일반 뉴스 : 거시경제 파악 ② 부동산 뉴스 : 미시경제, 개발 호재 및 지역 분석 ③ 경제 상식 및 투자 트렌드 파악	① 매일 경매 혹은 일반 부동산 물건 3개씩 분석(입지, 시세, 호재, 악재 등) ② 조사 물건 인터넷 조사	① 내 상황에 맞게 비중을 달리해서 공부하기 ② 세미나, 강의를 적극 활용

- 06 -

행동이
겸손해지면 안 된다

행동은 모든 성공의 열쇠

"모든 시작은 위험하다. 그러나 무엇을 막론하고

시작하지 않으면 아무것도 시작되지 않는다."

– 프리드리히 니체 –

부동산 투자도 마찬가지다. 위험하지만 시작해야 한다. 앞장에서 부동산 공부법에 대해 소개한 방식대로 공부한다면 이론은 충분할 것이라 생각한다. 이론만 공부했다고 장밋빛 미래가 보장되는 것은 아니다. 실전 투자보다 더 좋은 공부는 없다. 게다가 부동산은 물가에 연동해 우상향하는 경향이 있다. 결국 누가 먼저 시작하느냐에 따라 결과는 크게 달라질 수 있다. 만약 이론 공부만 열심히 하고 실전 투자를 하지 않으면 단돈 1원도 생기지 않는다. 나는 부동산 투자하면서 이론 공부를 다 완벽히 하고 시작한 것은 아니지만 두려워도 일단 작게나마 처음 시작하는 것이 매우 중요하다는 깨달음을 얻었다. 시작을 하게 되면 자연적으로 공부를 하게 되고 더 많은 관심을 가지게 된다. 시작하지 않으면 결코 오늘보다 좋은 내일은 오지 않는다.

확신이 있으면 과감하게 투자해야 한다. 확신이 서면 시장 분위기나 가격에 구애 받지 말고 과감하게 투자해야 한다. 너무 신중하면 기회를 놓치기 쉽다. 경영학과 교수 출신이 사업가로 성공하는 경우가 드물다. 이는 경영에 대해서 아는 것이 너무 많고 위험을 회피하려는 경향이 커서 의사결정이 늦기 때문이다. 분석만 하면 돈을 벌지 못한다. 과감하게 행동하는 자가 돈을 번다.

친구 중에 공부를 잘해서 대학교수를 하고 있는 C라는 친구가 있다. 지금도 연락을 취하는데 그 친구는 똑똑하고 모범적인 학생이었다. 천재 소리를 들으며 학교를 졸업한 그 친구는 모 대학에서 학생들을 가르치고 있다. 그런데 그 친구가 처음으로 집을 살 때의 일이다. 그전까지는 한

번도 써본 적이 없는 큰돈을 쓰게 된 그 친구는 커다란 압박감에 완전히 바보가 되었다. 압박감과 두려움에 휩싸인 그 친구는 결국 나에게 연락을 했다.

"지금 내가 실수하고 있는 것은 아닐까? 나도 내가 지금 제대로 하고 있는지 모르겠어. 너무 두려워. 그렇게 비싼 집을 사다니 말이야. 내가 지금 무슨 짓을 하고 있는 거야? 대출을 받아야 하겠지?"

그런데 그 친구는 집을 산 이후에도 다시 연락을 했다. 그는 여전히 불안해하고 있었다.

"나 잔금을 치렀어. 내가 잘못한 것은 아니겠지? 3억이나 대출을 받다니, 괜찮겠지?"

친구들 중에 제일 똑똑하다고 소문이 자자했던 그 친구는 집을 구입한 이후 지나친 스트레스로 인해 밤에는 잠도 설치고 있었다. 그 친구의 전화에 나는 이렇게 조언해 주었다.

"잠도 제대로 못자면서 집은 왜 산거야? 난 네가 좋은 대학에서 일하고 있어 정말 다행이야. 자네는 절대로 사업 같은 것을 하지 못할 거야."

내 얘기에 그 친구는 기분이 상했을 것이다. 나중에 동창회에서 그 친구의 얘기를 들었는데 결국은 대출 상환에 대한 압박감을 이기지 못해 결국은 집을 팔고 있는 돈으로 전세로 집을 구했다는 소식을 들었다. 그리고 C는 지금에 와서는 후회를 하고 있다는 말도 듣게 되었다. 자기 행동에 확신이 없으면 이렇듯 돈을 벌 수 있는 기회가 와도 잡지 못하는 것이다.

부동산 시장에서 부동산 투자로 절대 돈을 벌지 못할 직업인으로 꼽히는 부류는 바로 언론사 담당이라는 우스갯소리가 있다. 왜 그럴까. 취재 과정을 통해 부동산 투자 실패 사례를 많이 접하다 보니 선뜻 행동에 나서지 못하기 때문이다. 사실 부동산 담당 기자들은 부동산에 잘만 투자하면 돈을 잘 벌 수 있다는 사실을 누구보다도 잘 알고 있다. 또 직업의 특성상 일반인에 비해 상대적으로 투자 정보에 대한 선점도 빠른 편이다. 다만 만에 하나의 실패를 우려해 쉽게 행동으로 옮기지 못할 뿐이다. 너무 많이 알다 보니 그만큼 의심도 많다.

부동산 투자를 하다 보면 너무 많이 알고 있는 나머지 망설이다가 투자 타이밍을 놓치고 땅을 치는 투자자들을 종종 만날 수 있다. 상황에 따라 시장을 과감하게 선점해야 할 때 이것저것 따지고 망설이다 보면 어느덧 막차는 떠나버린다. 너무 많이 아는 사람의 눈에 부동산은 온통 함정과 뒷 투성이다. 따라서 투자가 조심스러워질 수밖에 없고 망설이게 된다.

막상 매입을 결정했더라도 계약서 작성 과정에서 조금만 낌새가 수상해도 금방 계약 의사를 철회한다. 아는 것이 많아서 자연히 의심도 많다. 중개업자가 아무리 상세하게 투자 가치를 설명해주더라도 사소한 꼬투리를 잡아 말문을 막아버린다. 하지만 얄밉게 보이면 중개업자들은 좀처럼 좋은 부동산을 보여주지 않는다. 그러면 절대 좋은 부동산을 잡을 수 없다.

부동산 세미나에서 만난 K씨와 L씨는 이런 점에서 서로 대조적이다. K씨는 한때 부동산 강연을 했던 부동산 경매 분야에서는 전문가로 이름을 날리던 사람이었다. 경매 관련 재테크 책도 한 권 출간했을 정도다. 반면 L씨는 주식 시장을 기웃거리다가 부동산 시장으로 눈을 돌린 지 1년도 채 안된 이른바 초짜였다. 두 사람은 각각 상가를 찾던 중 수지에 좋은 자리에 상가가 나왔다고 연락을 받았다.

먼저 중개업자로부터 이 상가를 소개받은 K씨는 해당 상가가 입지 여건은 뛰어나지만 공실이 있어 수익률이 낮을 것이라고 판단하고 상가 매입을 망설였다. K씨가 망설이자 중개업자는 곧바로 L씨에게 이 상가를 소개했다. 현장을 둘러본 L씨는 두 말 없이 즉석에서 매입을 결정했다. L씨는 곧바로 계약서에 도장을 찍고 상가 매입 후 유명 커피숍을 입점시켰다. 이 상가는 다음해 상가 앞에 공공기관이 들어와서 공실인 다른 상가들도 다 팔리게 되었다. 덕분에 L씨는 불과 수 개 월 만에 수억 원의 권리금과 높은 임대 수익을 올릴 수 있었다.

당초 수익률이 낮을 것이라고 생각한 K씨의 걱정은 그야말로 기우에 불과했다. 주변 공공기관이 들어오면서 해당 건물의 모든 상가들의 공실이 모두 없어지게 된 것이다. 다른 재테크도 마찬가지이겠지만 부동산 투자 또한 기회를 놓치고 뒤늦게 추격 매수에 나섰다가는 성공적인 투자를 기대하기 힘들다. 재료를 따라 시장을 과감하게 선점해야 할 때 이것저것 따지고 재면서 망설이다 보면 어느덧 막차는 떠나버린다. 그리고 되도록 매매 속도를 최대한 빠르게 하라. 오르지 않는다면 과감히 팔 수 있는 배짱도 있어야 부동산 투자에 성공할 수 있다. 시세 차익이 날 것을 기대하고 샀지만 1년이 지나도 오르지 않는다면 과감하게 매도하라. 그래야 또 다른 기회를 잡을 수 있다. 그렇지 않으면 투자금을 날릴 수도 있다. 그러나 가치가 쉽게 오를 부동산은 생각보다 많지 않다. 갈수록 더욱 더 그럴 것이다. 따라서 2~3년 이상 장기적으로 내다보고 투자하는 느긋한 마음가짐도 필요하다. 설령 3년 뒤에 팔 생각이라고 하더라도 평생 보유할 가치가 있는 부동산에 투자하라. 배우자 고르듯 말이다.

끈기는 승리로 이끈다

"부자들은 시간에 투자하고, 가난한 사람들은 돈에 투자한다."고 워런 버핏이 말했다. 부동산 투자는 시간 싸움이다. 돈이 아닌 시간에 가치를 부여하고 투자해야 한다.

부동산에 투자해서 성공하려는 사람이라면 신문 보도 자료나 방송의 뉴스 등에 너무 연연해서는 안 된다. 소신대로 투자하는 것이 좋다. 많은 부동산 투자자들이 소신 없는 투자를 했다가 큰 실패를 했다. 심지어 자신이 산 부동산이 신문이나 방송에서 나쁘게 평가되기라도 하면 하늘이 무너진 듯 난리를 친다. 조금 들썩이는 기류가 들더라도 마치 단합을 한 것처럼 모든 방송과 신문은 일제히 포화를 쏟아낸다. 부동산 투자는 인내와 소신, 그리고 과감한 행동으로 이루어진다는 것을 알아야 한다.

그만큼 부동산 투자는 인내와 끈기가 있어야 하지만 지금 우리는 단기간에 투자를 해서 수익을 창출해내야만 부동산 투자에 성공하였다고 생각한다. 부동산 투자에는 왕도가 없다. 타이밍과 경제의 흐름, 미래 가치등을 정확히 분석해서 소신대로 투자해야 부동산 투자에서 성공할 수 있을 것이다. 그동안 경험한 바로는 성공한 부동산 투자자들은 좋은 부동산이라고 판단되면, 되든 안 되든 가진 돈과 상관없이 일단 지르고 보는 경향이 짙었다. 분명 이해되지 않는 행동임에도, 일단 과감하게 밀어붙이는 모습을 보면서 서서히 나는 깨달았다. 부자가 되기 위해서는 돈이 없으면 없는 대로, 있으면 있는 대로 자기 형편에 맞춰 투자하고 자산을 늘려나가야 한다는 사실을 말이다. 그것이 부동산 부자가 될 수 있는 가장 빠른 길이었다. 이를 깨닫지 못하면 부동산 부자란 끝내 이룰 수 없는 꿈일 뿐이다. 생각만으로 이룰 수 있는 것은 아무것도 없다.

끊임없이 시도하고 노력하는 사람만이 자신이 원하는 것을 얻을 수 있다. 부동산 부자가 되겠다는 꿈은 결코 그릇된 허상이 아니다. 포기하지 않고 지속적으로 시도하면 누구나 부동산 부자가 될 수 있다. 이것을 지금 읽는 사람들은 모두 그럴 만한 재능과 실력을 가지고 있다. 여태껏 한 번도 발휘되지 않았을지 모르지만, 이제는 그 재능을 끄집어내어 마음껏 발휘해야 할 때다.

다시 한 번 강조하지만 누구나 부동산 부자가 될 수 있다. 그렇게 되기 위해서는 이제껏 생각으로만 간직해오던 부동산 부자의 꿈을 행동으로 이루어내야 하는 것이다. 지금 이것을 본 순간부터 우리는 부동산 부자의 길에 들어섰다. 남은 건 이를 현실화시킬 행동뿐이다.

깨달음을 미룰수록
인생의 격차는 커진다

진짜 부동산 투자는 격차 해소이다

우리나라 특급 호텔 예식 비용은 하객 1인당 25만 원 정도이다. 불과 몇 년 전 1인당 10만 원 정도이었던 시내 특급 호텔 예식의 식사 비용은 지금은 15만 원을 넘어간다. 10만 원 축의금 봉투가 미안해진다. 그럼에도 수개월씩 예식이 밀려 있다고 한다. 꽃값만 1,000만 원이 넘는 곳이 많다. 국책연구기관인 한국개발연구원(KDI)이 올해 우리나라 경제 성장률 전망치를 종전 0.2%에서 −1.1%로 대폭 하향 조정하며 '역성장'을 사실상 공식화했다. 신종 코로나19 재확산으로 경기 하락의 폭이 크고 경기 회복도 느리게 진행될 가능성이 커졌기 때문이다. 경기가 걱정이다.

그런데 경기가 진짜 나쁜가? BMW5시리즈는 자동차의 나라 미국만큼 팔린다. 벤츠 E클래스는 제네시스G80보다 더 잘 팔린다. 벤츠E클래스는 국내에서 독일보다 더 팔릴 때도 있다. 특이한 것이 있다. 우리가 자주 이용하지 않거나, 한 번도 구입해본 적이 없는 재화나 서비스가 유독 잘나간다. 백화점 매출은 제자리걸음을 하고 있지만 백화점 안에서 파는 해외 명품은 매년 판매가 늘고 있다.

일반인은 구경하기도 힘든 미술품 경매 시장까지 호황이다. 그런데도 다들 경기가 어렵다고 한다. 이해하기 어려운 '소득 몇 분위 가처분 소득 증감률' 이런 거 따질 필요도 없다. 격차가 벌어지고 있다. 고객이 맡긴 10억 원 이상의 고액 예금 잔액이 사상 최대치다. 지대 상승이 노동 생산성을 초과하면 임금이 오를 수 없다거나(헨리 조지), 자본을 통한 이익 증가가 성장률을 넘어서면 노동 수익이 줄어든다는(토마스 피케티) 이론을 들먹이지 않더라도 커지는 빈부 격차의 정황 증거들은 차고 넘친다.

몇 해 전만 해도 연봉 1억이면 근로 소득 상위 1%안에 들었다. 그런데 지금은 연봉 1억 원 이상 근로자는 49만 명으로 전체 3.2%이다. 더 일상 속으로 들어가 보면 강남의 식당들의 대부분 메뉴가 7~8천원 수준이다.

지난 10여 년 동안 10~20% 겨우 올랐다. 강남을 오가는 보통 사람들의 구매력이 겨우 그만큼 올랐단 뜻이다. 동네 설렁탕집이나 미용실 커트의 가격은 1천원 올리기가 쉽지 않다. 아니 올리지 못한다. 보통 사람들의 구매력이 따라 높아지지 않기 때문이다.

그런데 우리나라 대표 대형차 판매 가격은 훨씬 더 올랐다. 그랜저나 에쿠스는 10년 전에 비해 거의 2배 가까이 올랐다. 구입하는 소비자층의 구매력이 그만큼 올랐다는 것을 방증한다. 샤넬 명품백도 모두 10여 년 만에 두 세배씩 껑충 올랐다. 그래도 없어서 못 판다. 사회가 발전할수록 가난한 계층에는 혜택이 주어진다. 교회는 물론이고, 대학이나 병원도 가난한 사람에게 혜택을 준다. 저소득층은 전기요금도 깎아 주고, 휴대 전화 요금 할인도 해준다. 정부는 저소득 농어민에게 매달 국민연금 보험료의 절반을 대신 내준다.

그런데 금융은 다르다. 가난한 사람들에게 이자를 더 받는다. 대출을 못 갚으면 거기서 또 올려 받는다. 가난에는 이자가 더 붙는다. 그래서 불리하고 또 불리해진다. 한번 가난해지면 일어나기 어렵다. 자유 시장 경제는 수백 년 전부터 이 문제점을 계속 고쳐왔으나 격차가 자꾸 커진다. 우리나라는 특히 자본 이득이 쉽다. 지대 추구가 쉽다는 말이다. 이 것을 알아차리고 많은 사람들이 조물주 위에 건물주라는 말이 생긴 것이다. 운동선수도 국회의원도 의사도 꿈의 마지막 종착지는 모두 건물주이다. 가난한 사람들이 내는 이자의 종착점도 여기다.

매년 발표하는 우리나라 성장률 3%라는 말이 남의 일처럼 느껴지는 이유도 여기에 있다. 누군가는 수십 배 성장하고, 누군가는 마이너스 성장하지만 3%라는 숫자 하나로 정리가 되고 가려진다. 우리는 점차 커지는 소득 격차를 줄이고 극복하기 위해서 부동산 투자를 해야 한다.

중요한 것은 격차가 너무 빨리 벌어진다는 것이다. 최근 뉴스에서도 모 대기업은 수천억 영업 이익을 올린다. 동네 식당들은 하나둘 문을 닫는데, 압구정동의 유명 고기 집은 웬만한 코스닥 상장사보다 돈을 더 벌어들인다. 10여 년 전 1,000만 원짜리 롤렉스 시계를 차던 부자들이 지금은 7,000~8,000만 원씩 하는 바쉐론 콘스탄틴을 찬다. 경제가 발전할수록 격차가 더 벌어지는 나라가 많지만 그것은 현상일 뿐 당위는 아니다.

멕시코 국민들의 많은 사람들은 진흙 바닥에 담요를 덮고 잔다. 일부 부자들은 헬기로 출근을 한다. 현상이 그럴 뿐이다. 제 딸이 반에서 성적이 중간 정도지만, 조선시대 집현전 학자들보다 많은 지식을 가지고 있을 것이다. 그렇다고 공부를 그만하라고 해야 하나? 그것은 답이 아니다. 분명한 것은 단 하나. 격차가 커져가고 있다는 것이다. 격차가 커질

수록 가장 힘든 쪽은 중산층과 일반 서민들이다. 이제는 소득 격차를 줄이기 위해서는 우선 이런 깨달음을 가지고 격차를 줄이기 위해 노력을 해야 하는 시기이다. 그럼 자본주의는 왜 격차가 자꾸 벌어지는 것일까? 프랑스 경제학자로 파리 경제대학 교수는 부의 불평등에 대해서 연구를 했는데 돈이 돈을 버는 속도(자본 수익률)가 사람이 일해서 돈을 버는 속도(경제 성장률)보다 빠르므로 자본주의가 발전할수록 빈부 격차가 심해진다는 주장으로 세계적인 주목을 받았다. 많은 사람들이 토마 피케티 『21세기 자본』을 읽고 세상은 너무나 불평등하다고, 그런 세상에서 자기가 뭘 할 수 있겠냐고 불평하는 사람들을 많이 보았다. 그러나 불평만 하고 인생을 허비해버리기에는 단 한번뿐인 삶이 너무도 아깝다.

부자가 되려면 종잣돈 모으는 것이 기본이고, 저축하는 것 외에 부동산 투자를 잘해야 한다. 그리고 부동산 투자를 잘 하려면 우선 자본주의 게임의 법칙을 알아야 한다. 자본주의 법칙을 먼저 깨닫는 사람이 빨리 부자가 된다. 일찍 깨달을수록 유리한 것은 확실하다. 부동산을 통해 돈을 버는 것은 오늘만의 이야기가 아니고 수십, 수백 년 전 경제학자 연구 속에 이미 다 나와 있다. 그럼에도 불구하고 몇 년간의 고생 끝에 돈과 시간을 낭비한 후에 얻은 결론이 이미 경제학자들의 책에 나온 한 마디 조언에 불과했다는 걸 뒤늦게 깨닫게 되면 그제야 얼마나 바보 같은 짓을 했는지 깨닫게 된다. 원리도 모른 채 열심히 하면 빨리 망할 뿐이다.

당장 올 하반기 부동산 전망이 어떨지, 다음 차기 정권에서는 어떤 부동산 흐름으로 변할지, 어떤 부동산에 투자해야 돈이 되는지 이런 흐름을 볼 줄 아는 통찰력이 필요하다. 성공은 우연으로 이루어지지 않는다. 따라서 우선 이런 자본주의사회에서 부의 격차를 줄이기 위해서는 거인의 어깨 위에 서서 돈의 흐름을 읽어야 한다. 책 속에 돈이 있다. 독서를 한다는 것은 최고의 경제학자가 내 옆에 있는 것과 같다.

집값은 진보 정권이 키웠다

"왜 진보 정권이 집권하면 부동산 가격이 더 오를까?"

주변의 많은 사람들이 이번 정권 들어 집값이 폭등을 하자 다들 이런 의구심을 다 한 번씩은 가져보았을 것이다. 1976년 노벨 경제학상을 수상한 밀턴 프리드먼의 주장에 따르면, 재정 지출과 복지 확대 정책은 처음에는 경기 부양이 되지만 그 이후에는 인플레이션이 찾아온다고 했다. 인플레이션이 오면 자산 가격이 상승한다. 한국뿐만 아니라 전 세계적으로도 동일하다.

부자가 되는 것은 무조건 열심히 한다고 될 일이 아니다. 무턱대고 투자하거나 그냥 열심히 사업을 한다고 부자가 되기 어렵다. 관건은 성공적인 투자를 할 수 있는 부동산 투자에 대한 명석한 통찰이 필요하다. 부동산 투자에 대한 명석한 통찰이란 무엇인가? 현 시점을 기준으로 해서 몇 가지만 열거해보겠다. 첫 번째, 제조업 중심의 지방 도시는 쇠퇴할 가능성이 높아 부동산 투자에 주의가 필요하다. 제조업 중심의 도시(구미, 거제도, 군산, 울산, 창원)는 혁신과 세계화의 거대한 4차 산업혁명의 물결에 의해 점차 침체될 운명이다.

두 번째, 강남 테헤란로 주변, 판교 혁신 도시는 IT, 금융, 바이오 같은 혁신 기업들이 자리 잡아 앞으로 부동산 전망이 좋다. 지식 기반 산업사회에서 대학과 연구소는 중요하다. 지식 자본주의 사회에서 가장 강력한 경쟁력을 갖추고 있다. 고로 혁신 기업이 필요로 하는 인적 자원이 풍부한 곳이 서울이다.

세 번째 정부가 국토 균형 발전을 위해 지방 도시를 활성화하려는 노력은 하지만 성공은 불투명하다. 4차 산업혁명이 본격화되면 수도권에 IT, 금융, 바이오 회사들이 포진해 있는 서울에 더 많은 사람들이 모일 것이고 부는 지식과 기술에서 생겨나므로 기술과 지식이 발전한 서울이 지방도시에 비해 성장에 유리하다. 그 결과 서울과 지방 부동산은 점점 더 양극화가 심해질 것이다.

기준 금리가 역대 최저 수준인 요즘 어떻게 해야 할지 궁금해하는 사람들이 많다. 부동산 시장은 어찌 되었든 돈의 가치는 떨어지고 인플레이션 현상은 지속될 것이므로 지금 부동산 투자를 시작하는 것을 권한다. 예전에는 40대, 50대가 되어서야 부동산 투자를 시작했지만, 요즘은 젊은 세대들도 부동산 투자를 일찍부터 하기 시작했다. 부동산 투자를 일찍 시작하는 것이 빠르면 빠를수록 좋다. 왜냐하면 그만큼 융자를 갚을 시기가 빨리 끝날 수 있으며, 나이가 젊을수록 대체로 대출을 받기도 수월하기 때문이다. 그렇다고 나이가 많다고 대출을 받기가 아주 어렵지는 않으므로 미리 걱정하지 않아도 된다.

또한 부동산 투자는 7년에서 10년 또는 그 이상을 지켜보면 높은 수익을 낼 수 있으므로, 젊은 나이에 빨리 시작할수록 여유 있게 지켜볼 수 있지 않을까 생각된다.

나는 부동산 투자로
매달 보너스를 받는다

- 01 -

새로운 부의
파이프라인을 만들어라

직장인의 새로운 파이프라인은 부동산이다

30대 중반의 이야기다. 함께 일하던 J과장님과 김밥에 라면을 먹고 나와서 건물 옥상에 올라가서 담배를 한 대 피웠다.

"이 대리, 저 아래를 보면 무슨 생각이 들어?"

나는 나이도 어렸고 매우 단순했다.

"글쎄요. 높은 데 올라오니깐 공기도 좋고 사람들도 없고 조용하고 좋은데요."

조용히 담배 한 모금을 내뱉은 J과장님은 이렇게 얘기를 했다.

"저기 낮은 주택들 보이지?"
"네."

가리킨 것은 4층짜리 허름한 상가 건물이었다.

"저거 보면 무슨 생각이 들어?"
"뭐, 글쎄요. 딱히 아무런 생각이 안 드는데요."

말하고 나서 괜히 머쓱해졌다.

"저기 가게가 몇 개나 들어가 있을 것 같아?"
"네? 글쎄요. 가봐야 알겠는데요."
"총 12개가 입점해 있어. 한 점포당 월 최소 100만 원씩 월세를 낸다고 하면 1,200만 원이야. 대단하지? 저 안의 12개 상가 주인들이 열심히 일하는 동안 건물 주인은 뭐하고 있을까?"

한 번도 상가 주인에 대해서 생각해본 적이 없었다. 강남에 즐비한 고층 빌딩을 보면 정말 높고 '이런 데서 근무를 하면 좋겠다.'라는 생각을 해본 적은 있지만 빌딩 안에 몇 개 회사가 들어가 있고 임대료가 얼마이고 하는 돈 계산으로는 생각해본 적이 없었다. 그날 이후 나는 조그마한 상가를 보더라도 주의 깊게 보게 되었고 내 시각은 완전히 바뀌게 되었다. 그로부터 몇 년이 지나 부동산 투자라는 것을 공부하면서, 그 당시 내가 보았던 상가 투자가 부의 파이프라인을 만드는 것 중 하나라는 것을 알게 되었다. '내가 일하지 않아도, 누군가 나를 대신해 돈을 벌어준다.' 이런 매력적인 것을 어떻게 만들 수 있을까? 나도 건물주가 될 수 있을까? 이런 생각들이 결국은 나를 부동산 투자로 이끌게 해주었다.

월급쟁이가 부자가 될 수 있는 방법, 부자는 아니더라도 불안하지 않은 노후를 대처할 수 있는 방법은 무엇일까? "누구는 부동산으로 몇 억을 모았다"는 등의 주위 소식에 배 아파하기보다는 생활 규모를 간소하게 줄여가면서 자신만의 '부의 파이프라인'을 만드는 것이 좋은 방법이다. 그렇다면 부의 파이프라인이란 무엇일까? 파이프라인의 개념이 비롯된 한 가지 일화를 소개해 주겠다.

어떤 우물이 있었다. 한 상인은 부지런히 우물에 가서 물을 길러 팔겠다고 했고, 한 사람은 계속 물을 찾아 땅만 팠다고 한다. 이들 중 누가 더 오래 돈을 벌었을까? 정답은 계속 물을 찾아 땅을 파던 사람이다. 시간이 흐르자 부지런히 물을 길러다 팔던 상인은 물동이를 들 힘이 없어져 장사를 못하게 된 반면, 땅만 파던 상인은 수로를 만들어 물을 공급하게 되었다. 여기서 나온 수로의 개념이 '부의 파이프라인'이다.

땅을 직접 판 사람이 시간이 지나 아무 일을 못하게 되었을 때도 일정 금액의 물 값을 계속해서 받을 수 있었던 것처럼, 더 이상 투자를 하지 않아도 일정한 돈이 들어오는 것을 파이프라인이라고 표현하는 것이다. 대부분의 직장인들은 열심히 물을 길러다 나르면 행복할 것이라 믿고 살아간다. 행복을 위해 더 큰 물통을 찾기에 바쁘다. 큰 물통으로 물을 나르면 성공은 저절로 따라온다고 믿는다. 그리고는 편히 쉴 수 있는 날이 다가올 때까지 열심히 물을 길러다 팔면서 살아간다. 하지만 우리는 평생 물통만 나르고 살 수 없다는 것을 인정해야 한다. 현재 우리는 아침부터 저녁까지 변함없이 물통을 열심히 날라도 평생 행복을 보장받을 수 없는 시대를 살고 있다. 물통을 나르는 일은 조금만 상황이 바뀌어도 곧장 불안정한 상태가 되어버린다. 월급은 일시적이고 한정적인 것이다. 게다가 언젠가 우리도 늙고 힘들어 지쳐서 몸을 제대로 움직이기 힘들 때는 그나마 월급조차 받지 못하게 된다.

직장에 들어가면 하루 종일 쉬지 않고 물통을 나른다. 돈을 더 벌기 위해 더 큰 물통으로 찾기 위해 이직을 감행하곤 한다. 이러한 삶이 결코 잘못되었다는 게 아니라 냉정하게 들릴지 모르지만 다 부질 없는 짓이다. 대부분의 직장인들은 파이프라인을 설치하는 일은 힘들고 시간이 오래 걸린다는 이유로 현실과 타협한 채로 살아간다. 대다수의 직장인들은 시간을 돈으로 바꾸며 생활하고 있다. 월급만으로 버티며 살아가고 있는 것이다.

하지만 부의 파이프라인 하나를 구축하는 것은 월급봉투 천 개를 받는 것과 같다고 했다. 현재의 삶을 바꿔야 한다. 하루라도 월급이 나올 때 부지런히 여러 개의 나만의 부의 파이프라인을 구축해야 한다. 나만의 부의 파이프라인을 만드는 것은 요즘 같은 시대에 정말 중요한 개념이다. 그럼 부의 파이프라인을 만드는 방법은 무엇이 있을까?

첫 번째, 가장 전통적인 방법이 부동산 임대 수익이다. 좋은 부동산을 사서 안정적인 임대 수익을 만드는 것은 누구나 한번쯤 꿈꾸는 방식이다. 임대 수익을 받을 수 있는 방법은 여러 가지가 있다. 임대 수익을 얻을 수 있는 다양한 방법들을 관심 있게 보고 공부하면 된다.

두 번째, 부동산 블로그 광고를 활용하는 것이다. 블로그 광고 수입은 블로그에 방문한 방문자가 웹페이지 하단의 광고를 클릭했을 때 나에게 들어오는 수입이다. 블로그 파이프라인은 좋은 글을 블로그에 올려서 많은 사람들과 공유하며 소소하게 돈을 벌 수 있는 방법이다. 네이버 블로그의 애드포스트를 적용한 잘 키운 블로그나 티스토리를 통한 구글 애드센스 광고를 적용한 잘 키운 블로그 하나로 쏠쏠한 수입원을 만들 수 있다. 그러나 블로그는 단시간에 이루어지지 않는다. 꾸준히 그리고 지속적으로 노력을 해야만 가능한 일이다.

세 번째, 부동산 물건 검색 재능을 활용하는 것이다. 지인들의 결혼 때 신혼집을 알아봐준다든지 아니면 집을 넓혀가기 위한 친구의 집 구하는 것을 도와준다든지, 경매로 집을 사길 원하는 사람들에게 물건 검색을 해서 추천해 주는 방법으로도 또 다른 부의 파이프라인을 만들 수 있다. 대단한 기술은 아니더라도 다른 사람들의 만족을 이끌어내면서 내 재능을 활용할 수 있는 방법이 분명히 있다.

다양한 부의 파이프라인을 만들어라

"자면서도 돈을 버는 방법을 찾지 못한다면
죽을 때까지 일해야만 한다."
− 워런 버핏 −

워런 버핏의 이 한마디가 자본주의의 모든 것을 설명한다고 생각한다. 부의 파이프라인을 구축하는 것은 현대 자본주의에서는 필수가 되어가고 있다. 돈의 액수도 중요하지만 수입원이 한곳에 의존하고 있다면 매우 위험한 상태이다. 몇 백 채를 가지고 있는 갭 투자자나 수백억 원의 매출을 내는 사업을 경영하는 사람들도 한순간에 망하는 것을 보면 다양한 수입원의 중요성은 다시 말할 필요가 없다.

평범한 사람들 특히 근로 소득에만 의존하고 있는 사람들은 자본주의에서 가장 낮은 단계에 있는 사람들이다. 전문직 종사자로 큰 근로 소득이 있지만 잘 관리하지 못했을 때는 노년이나 갑작스런 사고로 일을 하지 못하게 되었을 때 큰 어려움에 처하게 된다. 부동산으로 많은 돈을 번 사람들도 왜 강연을 하고 계속 책을 쓰고 방송을 하는 이유를 생각해보면 쉽게 이해가 될 것이다. 크든 작든 다양한 수입원을 위해서 계속 노력을 해야 한다.

"저는 흙수저인데 부자가 될 수 있을까요?"
"이번 생에는 부자가 될 수 없나요?"
"운칠기삼이라고 저는 운이 없어서 돈을 못 버나요?"

이렇듯 많은 평범한 사람들이 부자 되기를 꿈꾸기는 하지만 '우리 부모님은 돈이 없으니까, 내 월급은 적으니까, 운이 따르지 않아서, 아는 것이 없으니까 부자가 될 수 없을 거라고 생각한다. 로또라도 되길 바라며 하루하루 평범하게 살아갈 뿐이다. 그러나 이런 생각을 하면 절대로 부자가 될 수 없다. 부자가 되는 원리를 알고 실천하면 누구나 부자가 될 수 있다. 그들은 부자가 되기로 마음을 먹었다.

그들은 가장 평범할 때 부자가 되기 위한 준비를 하고 실천을 했다. 부자 마인드를 가지는 것은 정말 중요하다. 돈이 없어도 부동산에 관심을 가지고, 종잣돈을 만들어 부동산에 투자한다. 부의 파이프라인을 만들어 가는 것이다. 이제는 부동산 투자는 선택이 아니라 자기 자본을 지키기 위한 생존 수단이다. 사람들은 부동산 가격이 계속 오른다고 말하지만, 정확하게 표현을 하면 돈의 가치가 계속 떨어지고 있는 것이다.

자본주의 사회에서 돈의 가치는 계속 떨어지기 마련이다. 돈의 가치는 떨어지지만 실물 자산 가치는 떨어지지 않는다. 부동산 투자야말로 실패할 수 없는 투자다. 돈이 없을수록, 절박할수록 부동산 파이프라인을 구축해야 한다. 부동산 공부를 시작하는 것이 부자로 가는 길의 시작이다. 경제 기사를 읽고, 내가 사는 동내의 부동산에 방문해서 가격도 조사를 해보기 시작하라. 부동산을 모르면 부자가 될 수 없다. 부의 파이프라인을 만들 수가 없다.

- 02 -

**부동산은 부의
추월차선이다**

저금리 시대 부동산 투자는 선택 아닌 필수다

사람들은 모두 부자로 살기를 원하나 자신이 갖고 있는 직업이나 가정 환경 때문에 부자로 살 수 없다고 많이 생각한다. 그러나 환경의 한계를 뛰어 넘어야 한다. 자신에게 주어진 기회 앞에서 얼마만큼 인생을 바꾸어내는가의 문제이다. 부동산 투자를 한다는 사람들 가운데 대부분이 투기꾼으로 몰리면서 많은 사회적 지탄을 받고 있다. 소신껏 투자를 하는 것이 아니라, 남들이 해서 돈을 벌었다고 하면 덩달아 많은 사람들이 몰려 투자를 하기 때문이다.

투자의 개념을 정확히 알고 실천하면 부자의 길로 들어갈 수 있다. 합법적으로, 그것도 당당히 자신의 힘으로 말이다. 부의 추월차선에 올라타는 방법은 물론 여러 가지가 있으나 부동산만큼 안전한 추월차선은 없다. 부동산을 통해서 부의 추월차선에 올라타라고 하는 이유는 시대적인 배경이 있기 때문이다. 아직도 은행에 저금을 열심히 해서 돈을 모으고 그 모은 돈이 이자가 붙어 종잣돈이 되어 부동산 투자를 할 수 있다고 생각하는 사람들이 많으나 지금은 저금리 시대이다. 저금리 상황에서는 저금은 바람직한 방법은 아니다.

오늘날 은행은 내가 모은 돈을 차곡차곡 모아서 이자를 붙여 목돈을 마련해주는 곳이 아니다. 저금리 상황에서는 은행은 내가 큰 부자가 되기 위해 자본금을 빌리는 곳이라고 생각해야 한다. 대출 레버리지를 이용해서 실물 자산에 투자해야 하는 세상이 됐다. 실물 자산이라고 하면 대표적으로 꼽히는 것이 부동산이다. 종잇조각을 사고파는 게 아니라 실제로 존재하는 것을 사고파는 게 실물 자산이다. 우리가 자주 가는 가락동 농수산물 시장에서 거래되는 것도 실물 자산이다.

금융 상품들은 가치가 있다고 서로 약속하고 사고파는 것인데, 실물 자산은 눈에 보이는 자산을 사고파는 것이라 더 믿음직하다. 나중에 세월이 지나도 남는 것이다. 실물 자산은 유동성이 높은 금융 자산에 비해 환금성이 떨어지는 단점이 있다. 반면 금융 자산은 인플레이션에 실질 가치가 하락할 위험이 큰 데 비해 실물 자산은 가치 하락이 없거나 오히려 상대적으로 가치가 상승할 수 있다.

실물 자산인 부동산에 투자해야만 요즘 같은 저금리 시대에 물가 상승을 이길 수 있다. 전 세계적으로 퍼지고 있는 저금리 경기 흐름과 우리나라 사람들의 부동산에 대한 특별한 집착으로 인해서 평범한 사람들이 안정적으로 인플레이션을 극복할 수 있는 방법은 부동산밖에 없다. 투기가 아닌 투자 개념부터 다시 가져야 한다. 부동산 투자를 공부를 하면서 '부'를 쌓는 연습을 해야 한다.

부의 추월차선에 올라타는 4가지 방법

우리나라에서 부동산 투자를 통해서 부의 추월차선에 올라타는 방법은 아래와 같다.

첫째, 돈 공부를 꾸준히 해야 한다

부동산 투자를 하는 것도 남들이 하는 것을 따라 하다 보면 부를 쌓을 수 있는 기회는 줄어든다. 내 소신껏 투자를 하는 것이 아니라, 남들이

해서 돈을 벌었다고 해서 덩달아 똑같이 투자를 하다 보면 막차를 타는 경우가 많다. 수익률이 높은 부동산 투자를 하기 위해서는 경제상황에 대한 공부를 계속해야 한다.

둘째, 나의 신용도를 관리해야 한다

내 신용도는 내 커다란 자산이다. 현대사회는 신용 사회이다. 내 신용도에 따라 내 자본금이 달라질 수 있기 때문이다. 만약 내 신용도만 높으면 돈 한 푼 없다 하더라도 부동산 투자를 할 수 있다. 신용도를 활용해 대출을 받은 후 부동산 투자하면 되기 때문이다. 예를 들어 1억의 대출금 이자로 한 달에 40만 원이 나간다면 1년이면 480만 원이 된다. 그럼 그 부동산의 가치는 1년에 360만 원만큼 상승할까? 물론 결코 그렇지 않다는 것을 금방 알 것이다.

그럼 종잣돈인 1억을 모으기 위해 1년에 500만 원씩 저축한다고 가정하면 몇 년을 모아야 할까? 그냥 수치상으로 20년이다. 복리로 이자를 계산한다 하더라도 15년이 걸린다. 그럼 그때 모든 1억으로 부동산을 산다면 15년 전에 사려고 했던 금액으로 부동산을 살 수 있을까? 절대 불가능하다. 우리는 투자자 마인드로 사고를 바꾸고, 투자의 개념을 확실히 알고 실천해야 한다. 그래야 평범한 서민에서 부자로 될 수 있다. 당당히 자신의 힘으로 말이다.

은행에 적금을 넣어 모은 돈으로만 투자를 하겠다는 사람들의 대다수가 매월 나가는 이자를 무서워한다. 하지만 마인드를 바꿔야 한다. 이자는 내 돈을 대출 기관에 주는 것이 아니라 시간을 벌어주는 종잣돈으로 생각해야 한다. 돈을 모은 후 종잣돈으로 부동산 투자를 하겠다는 생각을 하면 절대 투자를 할 수 없다. 평생을 평범하게만 살아가야 하는 삶을 살아야 한다.

셋째, 한국의 미래 인구 구조를 알아야 한다

우리나라는 현재 세계 어디에서도 유래를 찾아보기 힘든 고령화 사회로 진입하고 있다. 인구 구조 변화에 따라 경제 상황이 변하고, 변하는 경제 상황은 가계에 영향을 미치기 때문이다. 집값은 오를까? 내릴까? 우리나라의 집값의 미래는 어떻게 될까? 부동산의 앞날은 인구 변화가 핵심 힌트이다. 많은 사람들이 우리보다 빨리 고령화 사회로 진입한 일본의 사례를 얘기한다. 일본의 사례를 보면 도쿄 인근의 외곽 지역은 고도 성장과 맞물려서 대규모 신도시를 집중 건설했다.

교통망이 확충되고 인구 분산 차원에서 개발을 하였다. 이 신도시 주변에 또 다른 신도시가 지어졌다. 다만 오래가지 못했고 버블 붕괴 후에 유령 도시, 노인들만 사는 도시로 전락했다. 이유는 저출산 고령화에 따른 인구 감소가 주요 이유이다. 신도시의 자녀 세대는 일자리가 있는 도심으로 떠났고 고령 인구만 남아 소비가 감소하고 상권이 약해졌다. 우리나라도 현재 2기 신도시 이후 지금은 3기 신도시가 매우 뜨거운 이슈다. 일자리가 서울에 많이 몰려 있어서 일본처럼 될 가능성은 낮다. 하지만 서울의 일자리가 줄어들면 또 다른 얘기가 된다.

우리나라의 경우도 기대 수명의 증가는 일자리, 주택 소유 등에 영향을 미치고 있다. 고령자들은 생활 편의 및 의료 서비스로 인해 도시 거주를 선호한다. 또한 한국은 1인 가구, 2인 가구의 비중이 급격하게 늘어나고 있는 추세이다. 1인 가구는 2020년대엔 30%를 넘어서며 머지않아 최대 가구 형태로 부상할 전망이다. 개인주의 성향 확산과 성 평등 향상, 저 출산 고령화 등이 1인 가구의 증가세를 이끌어가고 있다. 1인 가구 증가는 평균 거주 공간의 감소를 부를 것이다. 큰집보다 작은집을 선호하는 추세이고 새로 지어지는 집의 경우 큰 평수의 세대 수는 상대적으로 매우 적다. 그리고 부동산은 단지 주거용만을 뜻하지 않는다. 인구의 감소로 무조건 부동산은 끝이 났다는 이야기는 매우 위험하다. 물론 당연히 주의 깊게 보고 고려해야 할 부분들이 많아서 부동산 공부를 반드시 해야 한다.

넷째, 시장과 정책에 흔들리지 않는 부동산 투자를 해야 한다

부동산 투자가 잔기술이나 요령이 아닌 자신만의 투자 원칙이 있으면 주변에 흔들리지 않고, 부동산 시장의 많은 혼란으로부터 자유로워진다. 이것이 바로 부동산 투자 방법의 핵심이다. 부동산 가치를 볼 수 있는 가치 투자자가 되려면 흔들리지 않는 투자 법칙을 가지고 있어야 한다. 모름지기 투자는 과거나 현재가 아닌 미래의 가치를 바라볼 줄 알아야 한다. 그러나 아쉽게도 많은 일반 투자자들의 눈에는 다가올 미래는 잘 보이지 않는다. 흔들리지 않는 투자 법칙이 꼭 필요하다.

흔들리지 않는 투자 원칙을 정하고 투자해야 미래에 대한 통찰력을 비로소 얻을 수 있는 것이다. 부동산 투자에도 법칙이 필요하다. 새 정부 들어서 부동산에 대한 전 방위적인 정책 압박이 이어지고 있다. 주택가격도 갈팡질팡한다. 하지만 이런 때일수록 투자 원칙을 정해야 한다. 잘못된 시장 판단으로 평생 회복을 못하는 경우도 있다. 반대로 한 번의 소신 있는 부동산 투자로 벼락부자가 되는 것이 부동산 투자이다. 몇 가지 상황만을 토대로 막연히 투자해선 절대로 안 된다. 과거의 정확한 데이터와 수많은 사례를 모아 현재 상황을 판단해보아야 한다. 무엇이 비슷하고 무엇이 다른지, 어디를 어떻게 지금 상황에 적용시킬지 고민하고 또 고민하다 보면 분명 답이 나오게 되어 있다.

부동산 시장은 정보에 민감해야 하고 뉴스에 둔감해야 한다는 말이 있다. 뉴스가 곧 가치 있는 정보인 것처럼 뒤늦게 달려들어 낭패를 보게 되는 경우가 많다. 예를 들면, 2015년 전,후로 아파트 갭투자가 붐이었다. 2,000~3,000만 원 소액으로 아파트 한 채를 살 수 있고 나중에 집값이 오르면 시세 차익을 얻을 수 있어 종잣돈이 많지 않은 사람들이 많이 투자를 했었는데 정부의 규제 정책으로 인해 아파트 갭투자로 투자를 했던 사람들이 역전세난이 발생되면서 많은 사람들이 경매에 까지 내몰리는 경우도 많았다. 그 시기에 지방 부동산 시장의 하락 상황을 보지 못하고 뉴스에 혹해서 구매한 사람들은 많은 손해를 보게 된 것이다. 부동산 투자는 일시적 동향에 '일희일비'하지 않아야 한다.

- 03 -

부동산 투자 페달을
밟지 않으면 넘어진다

투자는 자전거 타기

올해 74세인 대만 경영자가 있다. 평생을 자전거 회사를 경영했지만, 자전거를 즐겨 타지는 않았다. 단지 제품에 문제가 있는지 없는지 확인하기 위해서만 탔다. 그러던 그가 어느 날 영화 한 편을 보았다. 청각 장애인 주인공이 자전거로 전국을 일주하는 〈연습곡〉이란 영화였다. 거기에서 나오는 대사 하나가 그의 가슴을 움직였다.

"어떤 일은 지금 하지 않으면 평생 할 수 없어."

그는 지금 자전거를 타지 않는다면, 평생 탈 수 없을 거라는 생각이 들어 얼마 후 15일간 대만을 일주하는 925km 대장정에 나섰다. 그가 가지고 있던 고질병 좌골 신경통과 종아리 혈전정맥염이란 고통을 딛고 젖먹던 힘까지 다해 페달을 밟던 그의 분투에 많은 사람들이 큰 감동을 받았다. 이 이야기는 지난 2007년 세계 최대 자전거 생산 업체 자이언트 류진바오에게 벌어진 이야기다. 그는 여기에 그치지 않고 그로부터 2년 후 중국으로 건너가 20일간 상하이에서 베이징까지 1660km를 달렸고, 80세 생일을 기념해 다시 12일간 대만을 일주했다. 그는 대만 자전거 문화의 상징이자 나아가 도전하는 대만인의 표본이 된다.

류진바오는 사업도 인생도 자전거와 같다고 말한다. 페달을 밟으면 나가지만, 밟지 않으면 넘어진다. 조금이라도 나아가려는 노력을 끝없이 해야 한다는 것이다. 끊임없이 앞을 향해 나아가는 자전거는 류진바오에게 미래의 중요성을 일깨워주는 상징이기도 하다.

"이제 늙었으니 편하게 살자고 생각하는 순간 더 이상
공부하지 않게 됩니다. 사람이 젊다는 것은 공부할 게 많다는 거예요.
아직 배울 게 많다고 생각하는 사람은
나이와 상관없이 누구나 젊은 사람입니다."
– '자전거 타는 CEO', 자이언트 류진바오 회장 –

사람은 나이가 들어서 늙어가는 것이 아니라 호기심을 잃고 공부하기를 멈추는 순간 늙어간다. 반대로 나이에 상관없이 매사에 호기심을 갖고 끊임없이 공부하면 누구나 젊은이라 할 수 있는 것이다. 실제로 류진바오 회장은 85세에 은퇴를 했다.

자전거 타는 원리와 부동산 투자 원리가 같다. 자전거는 넘어지면서 배운다. 넘어지지 않고 자전거를 배운 사람은 없다. 부동산 투자의 고수라 할지라도 여러 차례의 크고 작은 손실을 경험하기 마련이다. 결국 부동산 투자에서 초기 손실은 필수적일 수밖에 없고 손실을 통해 얻은 경험과 지식을 잘 활용해서 추후 투자에서는 리스크를 줄이고 이익을 잘 얻어나갈 수 있는가가 관건이라 할 수 있다. 자전거는 어려서 배우면 더 타기 쉽다. 많은 사람들이 부동산 투자를 나이가 많이 먹고서 시작해서 아쉬움이 많다. 일찍 부동산 투자를 배웠다면 경제와 돈에 대한 개념을 일찍 깨닫고 더 많은 부를 이루었을 것이다. 자전거는 페달을 밟지 않으면 넘어진다. 페달을 밟지 않으면 앞으로 나갈 수 없는 것처럼 부동산 투자를 잘하기 위해서는 공부가 필수적이다. 공부는 꼭 부동산에 국한된 공부를 하는 것이 아니라 폭넓은 분야의 독서가 도움이 된다.

분야도 재테크나 경제, 경영과 관련된 책만 읽는 것으로는 부족하고 경제학, 철학, 심리학, 건축학, 인테리어 등 모든 분야의 책을 두루두루 읽어야 한다. 여러 분야의 책을 골고루 읽어야 하는 것은 돈이 사회의 모든 부분에 영향을 미치기 때문이다. 책을 읽으면서 꼭 자신만의 생각을 책의 여백에 메모하면서 정리를 하는 것이 좋다. 결국 책을 통한 간접 경험을 자신의 생각, 아이디어로 발전시키는 데 적극적으로 활용하는 것이 부동산 투자에서 매우 중요하다.

자전거는 탈 때 시선은 멀리 보면서 타야 한다. 자전거를 처음 배운 사람은 바로 앞만 보고 타지만 잘 타는 사람은 멀리 보면서 타는 것과 같이 부동산 투자를 할 때 단기적인 시야만 가지고는 성공하기 어렵고 장기적인 관점을 항상 견지하면서 투자해야 좋은 결과를 낳을 수 있다. 자전거를 탈 수 없는 사람은 없다. 누구나 자전거를 탈 수 있다. 모든 사람이 자전거를 탈 수 있듯이 누구나 재테크를 할 수 있다. 다만 배우지 않았거나 더 이상 배우는 것을 멈추었다든지 잘못된 방법을 배워서 잘하지 못하는 것이다.

부동산 투자를 잘하기 위해서는 결국은 자기계발이 선행되어야 한다. 특히 부동산 투자의 경우는 많은 전문가들이 모여서 투자하는 분야이다. 공부하지 않고 섣불리 투자하면 좋은 결과를 얻기 힘들다. 큰 욕심을 부리지 않고 꾸준히 수익을 쌓아가는 노력을 지속하면서 공부를 꾸준히 하면 누구든지 부동산 투자에서 좋은 성과를 낼 수 있을 것이다.

부동산 투자는 원칙을 가지고 꾸준하게!!

부동산 투자가 재미있으려면 투자를 계속 해야 한다. 투자금이 막혀서 투자를 하지 못하게 되면 좋은 물건이 나와도 씁쓸한 마음만 든다. 투자가 재미있으려면 종잣돈이 있어야 한다. 종잣돈이 없는 투자 공부처럼 재미없는 것은 없다. 지속 가능한 투자를 하기 위해서 가장 중요한 것은 마르지 않는 종잣돈을 생성하는 투자 시스템을 만드는 것이다. 많은 부동산 투자 세미나나 책은 대부분 성공 사례만 이야기한다.

그리고 항상 투자금을 잃지 않는 부동산 투자를 강조한다. 하지만 실제로 투자를 하다 보면 이익을 볼 때도 있지만 손해를 볼 수도 있다. 그게 현실이다. 이때 마르지 않는 종잣돈을 가지고 있는 사람은 손해를 보더라도 부동산 시장을 떠나지 않고 재기를 할 수 있다. 지속적으로 부동산 투자를 할 수 있는 힘은 제일 중요한 것이 다양한 수입 파이프라인으로 마련한 마르지 않는 종잣돈이다.

종잣돈은 실제 돈을 말하기도 하지만 언제든 낮은 이자로 높은 대출 한도를 만들어낼 수 있는 유무형의 자산들, 즉 자신이 몸담고 있는 회사와 자신의 연봉, 신용 상태, 그리고 소유하고 있는 담보물 등을 포함한다. 그러나 이러한 종잣돈이 있어도 기회를 볼 줄 아는 안목과 돈의 감각이 없으면 사기를 당할 가능성이 높다. 특히 요즘같이 모든 것이 오르는 인플레이션 시기에는 옥석을 가리는 높은 안목이 더욱 필요하다.

돈의 감각도 부동산 투자자에게 중요한 요소다. 유동성을 불러오는 매수세가 오고 가는 것을 기민하게 느낄 수 있어야 이 바닥에서 살아남을 수 있다. 하지만 이 모든 것도 결국 매수와 매도를 하지 않으면 아무런 의미가 없다. 매수 매도 행위와 관련된 인적 자산을 최대한 활용해 물건을 획득하고 매도해 이익을 창출해야 투자의 여정은 비로소 마치게 된다. 부동산 투자를 하다 보면 왜 투자를 하고 있는지를 목적을 잊는 경우가 있다. 처음 부동산 투자에 뛰어들었을 때는 자산을 늘려 최종적으로 경제적인 자유를 얻기 위함이었다. 당연히 성공적인 부동산 투자는 그 최종 목적에 부합되는 방향으로 가야 한다.

수없이 많은 매수와 매도를 했음에도 내가 여전히 부자가 아니고 경제적 자유를 획득하지 못했다면 그것은 성공적인 부동산 투자라 말할 수 없다. 혹은 부동산 투자 경험이 높다고 자부하는데도 여전히 자본적, 시간적 여유에 쫓기고 있다면 이것 역시 성공한 부동산 투자자가 아니다. 이런 투자자들은 부동산 투자를 꾸준히 하면서 이런 잘못된 패턴들을 고쳐야 한다. 부동산 투자에서 중요한 것은 직접 투자를 하며 몸으로 부딪쳐가며 경험을 쌓는 것이다.

오히려 직접 투자하면서 공부해야 자신에게 진짜 필요한 지식이 무엇인지도 깨달을 수 있다. 그리고 그렇게 쌓은 부동산 투자 지식은 실전에서 힘을 발휘한다. 분명한 것은 투기로는 지속적인 수익을 얻지 못한다는 사실이다. 스스로 원칙에 따라 투자를 하다 보면 경험과 노하우가 쌓여 오히려 투자 성공률을 높일 수 있다. 부동산 투자를 꾸준히 해서 부자가 되고 싶은가? 그렇다면 '원칙 있는 투자'가 답이다.

조급해하는 마음은 바로 눈앞의 성공만을 기대하게 하고, 성급한 판단으로 인해 실패를 부른다. 일정 목표를 이뤘다 하더라도 작은 성공에 도취되어 지금까지 경험한 시행착오의 과정을 잊는다면 다시 제자리로 돌아오게 된다. 꾸준히 투자하며 경험과 실력을 쌓아가는 그 과정 자체를 견디고 인내해야 성공할 수 있다. 부동산 투자를 처음 접했을 때의 열정이 성공의 보증수표가 아니다. 처음에는 누구나 열정을 가지고 열심히 한다. 하지만 부동산 투자에만 열정적으로 매달려서 열정을 쏟기보다는, 부동산 투자를 삶의 한 부분으로 여기고 힘을 안배하는 것이 더 중요하다. 투자에서 열정은 당장 눈앞의 상황에 집중하는 데 도움을 주지만 오히려 판단을 잘못하게 되는 경우도 있다.

부동산 투자는 마음은 뜨겁게, 머리는 차갑게 해야 한다. 그러면 부동산 투자를 삶의 한 부분으로 가지고 가는 방법은 크게 두 가지이다.

첫 번째, 다양한 분야의 책을 섭렵하는 것이고, 특히 부동산 투자에 관한 책을 많이 읽으면 좋다. 두 번째, 열심히 종잣돈을 모으는 것이다. 한 사람의 일생에서 가장 많은 종잣돈을 모을 수 있는 시기는 30~40대이다. 30~40대에 미래를 준비하고 모은 돈이 남은 인생동안 효자 노릇을 할 것이다.

부동산 투자의 페달을 멈추게 되면 결국은 누구나 넘어지게 되어 있다. 넘어지지 않으려면 꾸준히 부동산 투자의 페달을 밟아야 한다. 가장 좋은 방법은 부동산 투자 목표액을 조금씩 높이는 것이다. 단계별로 높여가야만 목표가 분명히 눈에 보이고, 할 수 있다는 자신감도 생긴다. 작은 것부터 하나씩 실천하며 달성한 성공은 또 그다음 단계로 넘어갈 수 있는 힘이다. 누구나 어느 시기에 도달하면 흔들리게 마련이고 지치게 마련이다. 그러므로 투자 욕구를 높여주는 환경을 만들어주는 것이 좋다. 부동산 투자에서 멀어지지 않는 환경을 조성하라. 말로 백 번 다짐하는 것보다 벽에 걸린 나의 버킷리스트 액자 한 개가 더 큰 힘을 발휘한다.

부동산 투자에서 성공에 이르는 지름길은 없다. 심지어 바로 눈앞에 두고 돌아가야 할 때도 있다. 이런 순간에도 흔들리지 않고 끝까지 완주하기 위해서는 지속적으로 부동산 투자를 하겠다는 장기적인 시각이 필요하다. 시간은 우리가 생각한 것보다 훨씬 빠르게 흘러갈 것이다. 부동산 투자가 재미없고 이익이 나지 않을 때 "나는 왜 다른 사람처럼 성공하지 못할까?"하며 한탄하지 말고 투자 능력을 올리기 위해 노력하라. 투자 능력은 내 의지와 노력으로 얼마든지 키울 수 있다.

참을 수 없이
행복한 성공을 하라

자신의 내면의 소리를 들어라

진정으로 올바르게 성공하기 위해서는 최초의 동기가 매우 중요하다. 그것이 잘못되어 있으면 인생은 뒤죽박죽이 되고 만다. 권력을 얻기 위해서 성공하려는 사람은 권력 투쟁에 빠져들고, 존경을 받기 위해 성공하려는 사람은 다른 사람들의 주목이 쏟아지는 무한 지옥에 떨어지고 만다. 그러면 아무리 사회적으로 성공했다고 해도 결코 행복할 수 없다. 성공 자체만으로는 행복할 수 없기 때문이다. 행복하게 성공하고 싶으면 자신이 하고 싶은 인생을 사는 것에 집중해야 한다.

보통 사람은 잘하는 일과 좋아하는 일을 혼동하고 있다. 성공한 사람의 대부분은 잘하는 일을 한다. 그것은 에너지가 넘치는 것처럼 보여 언뜻 보면 매우 좋아하는 일을 하고 있는 것처럼 보일수가 있다. 거기에 감춰진 동기는 '성공한 사람으로 보이고 싶다.'든가 '인생을 활기차게 사는 것처럼 보이고 싶다.'는 것이다. 그런 사람이 하는 일은 자신이 좋아하는 것이 아니라 자신이 잘 하는 것이다.

자신이 특별한 존재가 되고 주변 사람들에게 인정받을 수 있는 일을 하면 불행으로 가는 특급 열차표를 받는 것과 같다. 사회적으로는 성공한 것처럼 보이는 사람들이 갑자기 자살을 하거나 잠적하는 경우는 이 때문이다. 그들은 어려서부터 주위를 돕는다든지, 부모님을 기쁘게 하기 위해 하기 싫은 일도 자신을 몰아세우며 해왔다. 그러나 결국 사회적으로 인정을 받았지만 전혀 기뻐하지 않는 자신을 발견하게 된다.

'이렇게 부를 이루었으니 기뻐하고 감사해야 한다.'라고 생각할수록 괴리감만 커지고 괴로워하게 된다. 자신의 영혼이 하고 싶어 하는 것과 다른 일을 하고 있어서 당연한 것이다. 자신이 좋아하는 일은 매우 조용하고 꾸준히 나에게 자격을 준다. 주변 사람들이 평가해주지 않아도 그것을 하는 것만으로도 참을 수 없이 즐거워서 시간이 지나가는 줄도 모른다. 칭찬을 받지 못하고 돈을 받지 못해도 즐거운 것이 좋아하는 일이다.

인생에서 길을 잃었을 때 무엇을 하면 즐거울까를 가슴에 손을 얹고 생각해보라. 그리고 자신의 내면의 소리를 인생의 나침반으로 생각해야 한다. 심장이 두근거리며 뛰는 소리를 느껴보자. 아무것도 들리지 않는다면 그것은 당신이 너무 바쁘기 때문이다. 번잡스러운 일상생활에 너무 시달려서 조용한 소리가 사라져버린 것이다. 그럴 때는 마음을 가라앉히고 자신의 내면의 소리에 귀를 기울여야 한다. 자신의 내면의 소리가 당신의 인생을 인도하고 눈앞의 길을 열어 펼쳐줄 것이다.

부동산 투자를 하면 임장을 많이 다니게 된다. 그리고 경매를 하게 되면 입찰도 많이 다니게 된다. 단지 돈을 벌기 위해서만 임장이나 입찰을 다니게 되면 금세 지치고 만다. 내 경우는 항상 임장이나 입찰을 살 때 맛집을 먼저 검색하고 간다. 일을 하면서 행복의 요소를 추가하는 것이다. 흔히 성공과 행복은 상충하는 가치라고 많이 생각해왔다. 그러나 인생에서 두 가지 모두 포기할 수 없는 중요한 가치이다. 요즘 많은 사람들이 '저녁이 있는 삶'에 열광하고, 일과 삶의 균형을 지키기 위해 노력하는 것이다.

삶은 역설적이게도 행복하게 성공하고 싶으면 자신이 지키고 싶은 인생을 사는 것에 집중하고 돈과 성공은 잊어버려야 한다. 돈을 벌고 싶으면 돈을 좇는 게 아니라 돈이 나를 좇아오게 해야 한다는 말이다. 성공을 잊고 행복한 인생에 집중을 하다 보면 성공을 맞이할 수 있다. 물론 목적 의식을 가지고 임장이나 입찰을 갈 수도 있으나 자기가 좋아하는 일을 거기에 곁들여 같이 하면 행복하게 성공할 수 있다. 부동산 투자하면서 많은 사람들을 만나 보았는데 성공하는 사람은 어떤 사물을 볼 때 있는 그대로 본다. 그러나 보통 사람은 다르게 본다. 편견과 두려움, 왜곡된 가치관과 윤리관으로 사물을 보니까 결국 아무것도 제대로 보지 못한다. 사물의 본질을 꿰뚫어 보는 눈을 갖는 것은 행복하게 성공하는 데 가장 중요한 요소다. 고정관념에 갇혀 있는 사람은 우선 그 틀을 깨버릴 필요가 있다. 그래야 본질을 볼 수 있고, 성공의 발판을 마련할 수 있다.

행복하게 성공을 하려면 인생은 크게 생각하는 것과 행동하는 것으로 이루어져 있는데 지금까지 내가 생각해온 것, 그리고 행동한 결과가 바로 지금의 나인 것이다. 주변 환경을 탓할 필요가 없다. 지금 내 자신은 내가 선택하고 행동해온 결과물이다. 가장 바꾸기 쉬운 대상은 바로 나다. 내가 바뀌면 주변도 변한다. 부동산 투자하면서도 항상 행복의 요소를 찾을 필요가 있다. 행복한 일이 있어야 행동을 하기 때문이다. 그러니 제발 행복의 요소를 찾아서 행동하자.

행복한 요소는 행동력을 높여주고 높은 행동력은 성공 요소 가운데서도 가장 중요하다. 유능하고 경험과 지식이 풍부한 사람도 성공하지 못하는 경우가 많다. 그것은 행동력이 부족하기 때문이다. 행동력은 실패에 직면할 수 있는 용기라고 할 수 있다. 행복을 느끼는 것이 제일 중요하다. 행복한 부자가 되기 위한 비결은 자신이 가장 좋아하는 일을 직업으로 삼는 것이다. 그러나 많은 사람들이 자신이 좋아하는 일을 직업으로 가지고 있지 않다.

그러면 그런 사람들은 행복한 부자가 될 수 없는 것인가? 전혀 그렇지 않다. 부동산 투자의 경우에도 임장을 갈 때 자신이 좋아하는 여행코스를 넣는다든지 아니면 맛집을 다녀온다든지 아니면 자신이 좋아하는 교통수단으로 이동을 한다든지 해서 자신이 행복해하는 요소를 부동산 투자에 넣으면 되는 것이다. 많은 사람들이 가장 많이 하는 것이 맛집을 다니는 것이다. 요즘은 인터넷이 발달이 되어 있어서 지역마다 유명한 맛집이 많으므로 그곳을 다니는 것도 꽤 큰 행복을 가져다준다.

당신도 행복한 투자자가 될 수 있다

부동산 투자 초기에 경매 입찰을 계속 했는데 10번 가량 계속 낙찰이 되지 않아 상당히 우울해 있었다. 그런 마음이 드니깐 투자를 하고 싶은 마음도 점점 약해졌다. 처음에는 낙찰에 대한 욕심만 있어서 계속 낙찰이 되지 않으니깐 감정적으로 많이 지치게 되었다. 어느 순간 그런 낙찰에 대한 욕심을 내려놓고 '맛집 여행 왔다고 생각하자'고 마음을 편히 먹고 행복도 선택이라고 생각을 하기 시작했다. 그리고 얼마 지나지 않아 첫 낙찰의 기쁨을 맛보게 되었다.

이렇듯 최선의 삶은 절대 멀리 있지 않고 바로 우리 코앞에 있다. 바로 오늘부터 최선의 삶을 살 수 있다. 최선의 삶을 산다는 것은 행복하기로 선택하는 것과 같은 의미이다. 최선의 삶이 선택이듯이, 행복도 선택이다. 아침에 눈을 뜰 때, 우리는 행복한 하루를 살기로 선택할 수도, 삐딱한 태도를 가지고 불행하게 살기로 선택할 수도 있다. 모든 것은 자기 자신에게 달려 있다. 상황에 따라 흔들리는 사람은 결코 풍성한 삶을 살 수 없다.

부동산 경매 투자하면서 느낀 것인데 오늘을 온전하게 살려면 미래에 대한 걱정을 날려버려야 한다. 낙찰이 되지 않으면 어떻게 될까 걱정하지 말고 매 순간순간 하루씩 입찰을 진행해야 한다.

지금 이 순간을 최선을 다하는 것이다. 미래를 예측하고 목표를 세우고 예산과 계획을 세우는 것은 반드시 필요한 일이다. 그러나 항상 미래 속에서만 살아간다면 현재를 온전하게 살아갈 수 없다.

미래에 너무 초점을 맞추면 불확실해서 좌절하기 쉽다. 불확실성은 스트레스를 증폭시키며 불안감을 만들어 낸다. 우리는 내일을 사는 것이 아니고 오늘을 사는 것이다. 내일이 되면 또 하루를 살 수 있는 힘이 생기기 마련이다. 그러니 내일 일을 오늘 걱정할 필요는 없다. 미래에 너무 얽매이면 좌절하고 낙심하게 되어 있다.

우리는 오늘을 온전하게 사는 법을 배워야 한다. 우리는 의지하는 재능이 있어서 오늘을 온전히 살기로 선택할 수 있다. 얼굴을 찡그리고 살기보다는 가족과 친구, 건강, 일 등, 인생의 모든 부분을 즐기며 살아가야 한다. 부동산 투자를 하다 보면 나쁜 일도 일어나고 상황이 내 뜻대로 풀리지 않기도 한다. 사실, 그런 때일수록 행복을 누리기로 선택하는 과정이 더욱 필요하다. 행복은 우리가 느끼는 감정이 아니라 의식적으로 내리는 선택이다.

많은 사람이 끊임없이 부동산 정책이 바뀌거나하면 혼란에 사로잡힌다. 틈만 나면 이런 외적인 요인에 화를 내고 좌절하면 문제가 생길 때마다 행복한 성공에서 점점 멀어진다. 걱정이 머리를 떠나지 않아서 밤에 잠도 잘 못 잔다. 작은 일에도 짜증을 부리고 부동산 투자가 조금만 자기 뜻대로 되지 않으면 평정을 잃고 분노한다. 부동산 투자하면서 행복감을 느끼며 평안을 누리며 사는 것은 매우 중요하다. 행복감을 느끼려면 마음을 다스릴 수 있는 의지와 여유가 있어야 한다.

부동산 투자를 잘못해서 나쁜 일이 생겼을 때 아무리 고함을 지르고 광분을 해도 변하는 것은 없다. 아무리 불평하고 한탄해도 상황은 조금도 좋아지지 않는다. 그러므로 부동산 투자하면서 화내고 짜증내고 걱정하는 데 귀중한 시간을 일초라도 허비하지 마라. 자신에게 이미 주어진 것에 감사하고 항상 자기 자신의 상황과 좋은 면을 보고 현재 상태에서 만족하고 행복할 줄 알아야 올바른 투자를 할 수 있다.

부동산 투자가 내가 뜻한 대로 풀리지 않을 수도 있다. 그래도 우리는 현재에서 최선을 다하겠다고 결심해야 한다. 상황에 상관없이 행복을 누려야 한다. 현재가 바로 최고의 순간이다. 30년쯤 지나 지금을 돌이켜 보면 "정말 그때가 부동산 투자하기 좋은 순간이었어!"라고 말하게 될 것이다. 어떤 상황에서도 행복한 투자를 하라. 그것이 당신을 성공으로 이끌 것이다.

05

배우기만 하고 행동하지 않는 투자는 아무 소용이 없다

합리적 의사결정과 현명한 실행으로 성공하라

'구슬이 서 말이라도 꿰어야 보배'가 되듯이 아무리 많은 시간을 투자해서 책을 읽고 공부를 해도 행동으로 옮기지 않으면 아무 소용이 없다. 필자도 부동산 투자로 많은 수익을 낼 수 있는 기회가 있었으나 행동하지 못해 후회가 남은 경우가 많다. 주상복합아파트가 인기가 하늘을 찌를 때 아는 선배가 타워펠리스를 구매를 하라고 조언을 해주었다.

그러나 그때 당시 고민만 몇 달을 하다가 투자할 기회를 놓쳤다. 지금에 봐서 되돌아보면 참 후회가 많이 되었다. 그 당시 실행력만 있었다면 큰 투자 성공을 이루었을 것이다.

투자의 달인들이 위대한 이유는 그들의 지식이나 아이디어가 남달라서가 아니라 그들의 실천 때문이다. 99%의 평범한 사람들 역시 수천 가지의 좋은 생각들을 가지고 있지만 대부분이 아는 것에 그치고 실행하지 않는다고 한다. 이와 대조적으로 1%의 특별한 사람들은 생각을 반드시 행동으로 옮긴다. 성공한 사람과 실패한 사람의 차이는 바로 실행력에서 나온다. 부동산 투자를 하는 모든 사람들이 성공을 원하는 마음은 같지만 그 안에서 실행을 하는 사람이 있고, 하지 않는 사람이 있는 것과 같다.

타고난 재능으로 주목을 받던 영재 중에서 어른이 되면 대부분 평범한 사람인 경우가 많다. 재테크 공부는 많이 하는데 부자가 되지 못하는 사람들도 많다. 회사에서도 뛰어난 기획력을 가지고 있으나 성과를 내지 못하는 직원들도 많다. 이런 사람에게 딱 하나 부족한 것이 있는데 그것은 바로 실행력이다.

성과는 역량과 실행력이 더해질 때 나타나게 된다. 역량이란 재능, 지식, 창조적인 아이디어, 기획력, 전략 등을 포함한다. 재능이나 지식, 아이디어가 아무리 뛰어나도 실행력이 없으면 성과는 없다.

모든 위대한 성공에는 반드시 실행함으로써 이루어지며, 실행하지 않으면 아무것도 이룰 수 없다. 이러한 실행력은 타고난 자질이 아니라 배우고 연습하면 누구나 개발할 수 있다. 실행력이 부족한 것은 의지력 문제가 아니라 효과적인 방법을 배우지 못했기 때문이다. 실행력이 뛰어난 사람들, 남다른 성과를 올리는 사람들에게는 원하는 것이 구체적이고 행동으로 쉽게 옮기기 해주기 위해 시각화 한다는 공통점이 있다.

그들이 우리와 다른 점은 우리가 시도했다 포기했던 것을 계속 실행한 사람들이다. 그런 차원에서 보면 실행력은 진정한 경쟁력이다. 실행을 한다는 것은 자기의 재능에 대한 자신감을 키우는 가장 효과적인 방법이고 원하는 것을 얻게 해준다. 그럼 실행을 하기 위해서는 아래 사항을 점검해보라.

첫째, 목적지를 확실히 정하라
어디로 가고 있는지 모른다면, 우리는 결국 전혀 다른 곳에 도착할 것이다. 자신이 목표를 달성하는 것을 상상하는 것도 중요하지만 상상이 현실이 되기 위해서는 성공으로 가는 경로를 정확하게 찾아내야 한다. 목표 달성 과정에서 해야 할 일과 겪게 될 걸림돌 및 그에 대한 대비책

등을 마련해야 한다. 결심을 끝까지 유지해서 목표를 달성하려면 낙관적인 태도뿐만 아니라 비관적인 태도도 반드시 함께 갖추고 있어야 한다. 실천력이 뛰어난 사람들은 이런 다각적인 사고를 가지고 있다.

둘째, 이루어진 것과 같이 생각하라

그냥 막연하게 열심히 하는 것은 꿈에 한 발짝 다가가는 것이 아니다. 최종 목표를 달성한 것으로 생각을 하고 계획을 달성하기 위해 필요한 일들이 무엇인지 생각해보는 것이다. 일본의 저명한 경영 컨설턴트인 간다 마사노리는 이렇게 말했다.

> "어떻게 될지를 예측하고, 1퍼센트의 사람만이
> 미래를 내다보며 지금 어떻게 행동해야 할지 생각한다.
> 당연히 후자에 속하는 1퍼센트의 사람만이 성공한다."
> – 간다 마사노리 –

이런 이루어진 것과 같이 생각하는 것에 익숙해지려면 사소한 일을 할 때도 계획 세우는 습관을 들이는 것이 중요하다.

셋째, 공개 선언을 하라

결심이 흐지부지되고 마는 중요한 이유 중 하나는 마음속으로만 다짐

하기 때문이다. 자신의 목표를 공개적으로 선언하면 결심을 번복하기 어려워지기 때문이다. 심리학자 스티븐 헤이스는 대학생을 대상으로 한 실험에서 목표를 공개한 학생들이 더 좋은 성적을 받는다는 것을 사실을 확인하고 첫 번째 집단은 자기가 받고 싶은 목표 점수를 다른 학생들에게 공개하도록 하고, 두 번째 집단은 목표 점수를 마음속으로만 생각하게 했다. 그리고 세 번째 집단은 목표 점수에 대한 어떤 요청도 하지 않았다. 결과는 결심을 공개한 집단이 다른 두 집단보다 현저하게 높은 점수를 받았다.

결심을 마음속에 간직한 집단은 아예 결심을 하지 않은 집단과 통계적인 차이가 없었는데 이처럼 은밀한 결심은 하지 않는 것과 같은 것이다. 말이나 글을 공개하면 그 생각을 끝까지 고수하려는 경향이 강한데 이를 '공개 선언 효과(Public Commitment Effect)'라고 한다. 우리가 잘 알고 있는 세계적인 복서 알리도 공개 선언 효과를 사용했다고 한다. 이처럼 공개 선언은 실행력을 높이는 효과적인 방법 중 하나다.

"그럴 때 나는 상대를 반드시 때려눕히겠다고
공개적으로 선언한다. 그리고 약속을 지키기 위해
막강한 스파링 파트너를 구해 미친 듯이 연습했다."
– 무하마드 알리 –

마음먹었다면 핑계대지 말고 당장 시작해라

주변에 보면 많은 사람들이 종종 많은 핑계 뒤에 숨는다. '내가 그때 ○○를 했었으면……', '내가 10년만 어렸더라면……', '그때 그 일만 없었더라면……' 그리고 나서는 '내일부터 해야지.', '신년부터 하겠다.' 등 결심을 뒤로 미룬다. 결심을 뒤로 미루는 이유는 내면에서는 절대 변화하지 않겠다고 말하는 것과 같은 효과가 있다고 한다. 막상 실천해야 할 시간이 다가오면 그 결심은 내일, 그리고 다음달, 그리고 내년으로 쉽게 미루어진다. 결심을 미루는 또 중요한 한 가지는 똑같은 일도 시간에 따라 그 어려움의 정도가 다르게 느껴지기 때문이라고 한다.

당장은 투자 공부하기 싫지만 저녁 먹고 난 다음에는 왠지 투자 공부가 더 잘 될 것 같은 것이다. 이처럼 같은 일도 시간적 거리에 따라 실천의 용이성이 다르게 자각되는 현상을 시간 불일치 현상이라고 한다. 나중에 실천할 계획은 거창하기 마련이고, 아무리 작은 일도 당장 실천하기에는 어려운 것이다. 실천은 계속 나중으로 밀리는 것이다. 실천하기 가장 좋은 날은 오늘이고 실행하기 가장 좋은 시간은 지금이다.

인생에서 가장 추한 단어는 '나중'이고, 가장 아름다운 단어는 '지금'이다. 성공 가능성을 높이고 싶다면 이것저것 따지지 말고 지금 당장 목표와 관련된 뭔가를 해야 한다. 모든 위대한 일은 작은 시작에서 출발한다. 많은 사람들이 부동산 투자 결심은 하지만 시작하지 못하는 사람들이 많다. 시작은 하고 싶은데 엄두가 안 나 못하고 있다는 사람들이 많다. 이 엄두란 말은 한자어에서 나온 말이라고 한다. 생각할 염(念)과 머리 두(頭)를 써서 생각의 첫머리라는 뜻을 가지고 있다. 왜 엄두가 나지 않는 것일까? 그 이유는 부동산 투자가 너무 어려워 제대로 할 수 없을 것이라고 지레 짐작하기 때문이라고 한다.

많은 사람들이 부동산 투자를 시도하기도 전에 포기한다. 소수의 성공한 부동산 투자자들은 어려운 일도 쉽게 할 수 있는 작은 일부터 찾아내어 결국에는 큰 일을 해내는 것이다. 작은 일을 시작하면 의욕은 덤으로 따라온다. 부동산 투자자는 어쩌면 이 의욕으로 지속할 수 있는 것인지도 모른다. 엄두가 나지 않는 일을 착수하는 가장 좋은 전략은 일단 작은 일부터 시작하는 것이다. 소설가 앤 라모트는 이렇게 말했다.

"글을 쓰고 싶다면 무조건 컴퓨터 자판을 두드려라."

정말 방법은 간단하다. 우리의 몸과 마음은 일단 무언가 발동이 걸리면 자동으로 작동되는 기계처럼 하기 싫던 일도 일단 하다 보며 그것이 계기가 되어 계속하게 되기 때문이다. 일단 시작하는 것이 매우 중요하다. 부동산 투자를 처음에 할 때 필자가 했던 방식은 '일단 동네 중개사 사무소 한군데씩 들러 보자'였다. 그렇게 시작해서 동네 부동산 가격을 알게 되었고 어느 동네가 유명하고 우리 동네 호재가 무엇인지 등등 점차 많은 정보를 알게 되었다.

이렇게 시작만 한 것인데 놀랍게도 추진력을 갖게 되고 동네 부동산을 바라보는 시각도 변화되는 것이다. 그때 깨달은 것이 당장 실천하되 정말 부담 없는 일부터 시작하자였다. 모든 위대한 성취에는 '작은 시작'에 그 비결이 있다. 생각은 크게 하되, 시작은 작게 하는 것이 위대한 일을 하기 위한 첫걸음이 된다.

요즘 부동산 투자에 대한 관심이 높아서 많은 사람들이 부동산 투자 학원이나 경매 학원 등에서 많은 교육을 받거나 부동산 관련 세미나를 듣는 등 많은 공부를 하는 사람들이 많다. 물론 부동산 투자를 위한 공부를 하는 것도 중요하나 제일 중요한 것은 실행하는 것이다. 세상의 모든 다른 일도 마찬가지이지만 부동산 투자도 마찬가지로 아무 것도 하지 않으면 아무 일도 생기지 않는다. 개인적으로 부동산 공부를 다 하고 나서 투자하겠다고 생각하기보다는 투자하면서 모르는 부분을 공부하면서 채워 나가겠다는 자세가 더 바람직하다.

06

목표와 계획 없이
움직이지 마라

계획 없는 목표는 한낱 꿈에 불과하다

성공은 계획으로 얻어지는 것이지 자고 나서 우연히 얻어지는 것이 아니다. 계획 수립은 개인의 성공과 행복을 결정하는 중요한 요인이다. 성공하려면 어떤 일을 계획하기에 앞서 목표를 설정하는 것이 중요하다. 그럼 필자가 부동산 공부를 하고 투자를 통해 도달하고자 하는 목표는 무엇이었을까? 물론 가장 궁극적인 목표는 많은 돈을 벌어 경제적 자유를 얻는 것이었다. 부동산 투자를 많이 하려면 어떻게 해야 할까? 부동산 투자 공부를 많이 하고 좋은 강의나 세미나도 자주 참석하고 열심히 투자하면 될 것이다. 그러나 말이 쉽지 결코 쉬운 일이 아니다.

　자신의 목표가 세워지면 사업과 생활의 전략 방향이 정해지고 우리 자신의 능력 계발과 그에 걸맞은 학습을 해야 한다. 목표가 없으면 게을러지고 현재의 자신에게 만족하게 되므로 모든 일의 기본과 절차도 무시하게 된다. 자신의 목표를 적어놓고 한번 살펴보자. 목표는 구체적일수록 좋다. 구체적인 금액, 구체적인 숫자와 그리고 명확한 달성 일자까지도.

　필자는 먼저 하루의 할 일을 작성하고 월간 계획으로 한 달에 1건의 경매 낙찰과 월 1,000만 원의 수입을 목표로 정했다. 연간 계획과 5년 계획, 인생 전체의 장기 계획을 세우고 그것을 다이어리에 연차별로 정리를 했다. 업무 이외의 계획으로는 1시간 일찍 출근하여 독서를 하고 퇴근 후에는 집에 들어가기 전에 운동을 하기로 했다. 한 달에 몸무게를 3kg 감량하고 일주일에 책을 2권 이상 읽기로 했다. 그리고 살고 있는 아파트도 30평대로 이사하겠다는 야무진 계획도 세웠다.

　1년 단위로 작성된 내 목표는 원대했다. 부동산 공부도 다시 시작하기로 했다. 부동산 투자를 하기 위해서는 스스로 배워야 할 부분들이 많았기 때문이다. 무엇보다도 나는 부동산 투자 회사를 설립하고 싶었고 부동산 투자 연구소를 운영하면서 부동산 투자를 어려워하는 사람들을 도와주고 싶었다. 부동산 투자 관련 책을 출간하고 강연도 다니겠다는 구체적이고도 야심찬 마스터플랜이 완성되었다.

정말 신기하게도 계획을 세운 2년 후 31평 아파트를 구매하게 되었고 부동산 투자에 대해서 전문적으로 배우게 되었다. 부동산 투자에 대해서 체계적으로 배우기 시작하면서 많은 사람들을 만나게 되었고 더 많은 지식을 얻게 되었다. 그리고 지금 이렇게 부동산 투자 관련 책을 쓰고 있지 않은가? 진정으로 원하고 간절히 바라고 노력하면 이루어진다.

"구하라, 그러면 얻을 것이다."

성경에도 나와 있는 것처럼 구하면 얻어지고 찾으면 찾을 것이다.

목표를 달성해서 원하는 바를 얻는 사람과 그러지 못한 사람의 차이는 계획과 실천에 있다. 성공한 사람들은 보통 사람보다 더 철저하게 계획을 세우고 실천했다는 말로 계획의 중요성을 보여준다. 목표를 달성하려면 계획이 필요하다. 자기만의 계획과 목표가 확실하면 실행 의지를 불러일으키기는 어려운 일이 아니다.

자기 계발 분야의 선구자라 불리는 지그 지글러는 이런 말을 했다.

"목표 없이 배회하다가 어느 날 갑자기 에베레스트 정상에 서는 사람은 없다."

목표가 없는 계획은 있을 수 없다. 목표를 설정하는 방법, 그 일이 자신에게 왜 중요한지와 그 일을 해야 하는 목적과 목표가 뚜렷해야 동기가 부여되기 마련이다. 계획을 얼마나 구체적으로 세웠느냐에 따라 계획의 실현 가능성이 결정되는 것이다.

부동산 투자도 항상 계획을 세워야 하는 건 맞다. 계획세우기는 매우 좋은 습관이다. 부동산 투자 계획을 세우면 할 일에 대한 압박이 줄어들고 동기가 부여되고 일의 우선 순위를 판단하여 중요한 일부터 처리 가능해진다. 투자 계획을 세우고 부동산 투자하면 최소한의 노력으로 좋은 수익률이 나온다.

연말, 연초에는 많은 사람들이 부동산 투자에 대한 계획과 목표 설정에 관한 강연과 워크숍이 많이 열린다. 부동산 계획을 세우는 방법과 투자 원칙 등을 설명하고 사람들이 실제로 부동산 투자를 할 수 있는 계획을 만들도록 도와준다. 워크숍에서 부동산 투자 목표를 작성하고 연간, 월간 할 일 목록을 쓴다. 그런 다음 할 일을 우선 순위에 따라 분류하고 기간을 나누어 장기, 중기, 단기 투자 계획을 세운다.

'GROW'로 성장하라

투자 계획을 세웠다고 해서 완벽한 계획이 나오는 것도 아니고 그렇게 만든 투자 계획이 실행해서 많은 수익을 낸다는 보장도 없다. 여기서 중요한 점은 과도하게 투자 계획을 세우는 사람은 계획을 세우는 일에만 매달리므로 장작 실행하는 데는 미숙하다. 실행하는 것보다 계획을 세우는 데 더 많은 시간을 할애한다. 자기가 세운 투자 계획에만 집중한 나머지 현장에서 벌어지는 새로운 기회나 변화, 부동산 가격의 변동 등을 읽지 못한다.

실행력을 통제하기 위해서 투자 계획을 세우는 것인데 그러지 못하는 경우가 태반이다. 계획을 세웠다면 그 일을 실행하는 데 집중해야 원하는 결과를 얻을 수 있다. 실행력을 높이는 방법 중에 심리 코칭이란 것이 있다. 심리 코칭이란 목표를 세우고 그것을 실현할 수 있도록 잠재 능력을 최상으로 끌어내는 프로세스다.

코칭 진행에 대해서는 다양한 모델이 있으나 가장 대표적인 모델이 'GROW'이다. 목표를 설정하고(Goal), 자원과 잠재력 등 대상의 현실을 파악하며(Reality), 문제 해결을 위한 가능한 대안을 탐색하고(Options), 실천 의지를 강화하면서 문제를 해결할 수 있도록 한다.(Will/Wrap-Up)

GROW의 단계의 첫 번째 단계인 Goal이 매우 중요한데 목표 설정을 위해 분석을 해야 하고 많은 시간을 할애해야 한다. 목표를 설정할 때는 다소 이상적인 목표를 설정한다. 불가능해 보이더라도 강력한 목표를 설정하고 나면 동기부여 과정을 통해 강력한 집중력과 만족감을 느낄 수 있다. 한때 재테크 분야에 10-10 붐이 일어난 적이 있었다. 10년 안에 10억을 모으자는 카페들이 많았고 실제로 필자도 이런 목표를 세웠다.

불가능해 보이던 10억 원을 목표를 삼았기에 10년 안에 9억 원이라는 돈을 모를 수 있었다. 목표 설정의 단계가 끝나면 부동산 투자가 인생에 어떤 의미가 생기고 신념 체계가 구축된다. 신념 체계가 구축된 이후에는 무의식적으로 좋은 부동산 투자 행동이 습관화되고 그렇지 않은 행동은 자연스럽게 삭제된다. 습관이 쉽게 바뀌지 않는다는 고정관념을 가진 사람들이 많으나 구체적인 목표 설정은 그 결과의 차이를 아주 크게 만든다.

목표에 도달하기 위한 작은 요소가 일상에서 편히 할 수 있는 습관으로 자리를 잡게 되면 그것이 점차 쌓이게 되면서 반드시 변화가 일어난다. 이에 대한 아주 유명한 조사 결과가 있다. 하버드 경영대학원에서 재미난 설문 조사를 했는데 연구원들은 졸업생들에게 다음과 같은 설문 조사를 했다. 설문을 통해 '당신이 인생에서 꼭 이루고 싶은 목표가 있습니까? 있다면 그 목표를 이루기 위해 구체적으로 어떤 계획을 세웠습니까?라는 질문을 했다. 연구진은 답변을 토대로 대략 세 개의 그룹으로 나눌 수 있었다.

첫 번째 그룹(84%)은 졸업 후 무엇을 하고 싶은지 구체적인 계획과 목표가 없었다. 두 번째 그룹(13%)은 목표가 있으나 구체적인 계획은 세우지 않았다. 세 번째 그룹(3%)은 목표를 세우고 글로 적어놓았다. 그로부터 10년 뒤 세 번째 그룹은 첫 번째와 두 번째 그룹과 비교했을 때 연봉이 열 배나 높다는 결과가 나왔다. 이것이 목표가 지닌 힘이다. 참고로 이들 집단 간에는 학력이나 능력의 차이는 거의 없었다고 한다. 단지 목표를 세웠느냐 그렇지 않았느냐의 차이가 있었을 뿐이다.

물론 경제적인 결과가 모든 것을 말한다고 할 수는 없지만, 그만큼 목표는 중요한 것이며, 목표를 설정하고 성취하는 능력이 다른 어떤 기술보다 삶에 큰 영향을 미치고 있다는 것을 증명하는 사례이다. 생각하면서 살지 않으면 사는 대로 생각하게 된다는 말이 맞는 말인 것이다. 우리는 누구나 생각하며 살길 원할 것이다. 막상 살다 보니 바쁘고, 힘들고 지치다 보니 어느새 특별한 목표 없이 사는 대로 생각하고 있진 않은지 자신을 돌아봐야 한다. 그렇다면 부동산 투자 목표는 어떻게 세워야 할까? 목표란 어떤 목적을 이루려고 하거나 어떤 지점까지 도달하려고 하는 행위 혹은 그 대상을 의미한다. 목적을 달성하기 위해 어느 일정 기간 달성해야 할 성과를 구체적으로 명시한 것이라고 할 수 있다. 이루고자 하는 목적이 있을 때는 그것을 달성하기 위해 '언제까지, 얼마나, 어떻게'라는 구체적인 수단과 스케줄을 설정하게 되는 것이 목표이다.

부동산 투자도 이와 마찬가지로 투자 목표 금액을 정하면 어떤 부동산 투자 상품에 투자해야 할지 얼마의 수익률이 나는 부동산 상품에 투자 할 것인지 그리고 얼마간의 기간을 가지고 투자를 할지 결정을 할 수가 있다. 목표에는 '언제까지, 얼마나, 어떻게'가 들어가 있어야 한다. 목표를 세운다면 구체적으로, 측정 가능하도록, 달성 가능한 목표로, 현실적이면서도 결과 지향적인, 기한이 정해져 있도록 하는 것이 좋다. 지금도 늦지 않았다. 올해 부동산 투자 목표를 세우고 앞으로 성공하는 투자를 하길 바란다.

07

많이 아는 사람이
기회도 많다

아는 것이 힘이다

필자가 사회에 처음 발을 내딛었을 때는 국민 소득이 1만 달러였는데, 지금은 3만 달러가 넘는다. 학교에서는 '아는 것이 힘이다. 배워야 잘 산다'고 가르쳤다. 예나 지금이나 변함이 없는 것은 '배움'은 '먹고 살아야 한다.'는 비통한 운명과 직결되어 있다.

나는 생애 처음 주택을 사고 매매가가 떨어져 5년 만에 매수한 가격을 회복하는 쓰디쓴 경험을 했다. 다시는 그런 실수를 하지 않기 위해 부동산 공부에 관심을 가지기 시작했다. 그렇게 부동산 강연을 들으면서 부동산 분야의 유명한 강사나 투자자들과 인맥을 쌓게 되었다.

이제 막 부동산에 관심을 갖는 초보자들은 무엇부터 시작해야 할지 모른다. 내 경우도 '서점에 있는 부동산 책 30권만 읽어보자'라는 목표를 세우고 공부를 시작했다. 처음에는 잠을 줄여가면서 부동산 관련 책을 읽고 공부했다. 그런 열정이 있었기에 지금의 내가 있는 것이다. 하고 싶은 거 다하며 공부할 시간 없다고 핑계 대는 사람들이 많은데, 그 사람들은 정작 공부할 시간이 생겨도 하지 않는다.

부동산 시장은 일정한 패턴이 있다. 부동산의 역사를 알면 어느 정도 미래를 예측할 수 있다. 부동산 시장은 돌고 돈다. 많은 공부가 필요하고 부동산이 폭등하거나 폭락하는 것은 결코 달가운 현상은 아니지만 이런 사이클 흐름을 잘 이용하면 큰 투자 수익이 따라 올 것이다. 과거 부동산 투자 경험을 되살려 이번에 다가오는 큰 대세 상승장에서는 똑같은 실수를 하지 않기를 바란다.

부동산 투자하면서 깨달은 것은 많이 아는 사람이 기회도 많다는 것이다. 많이 알지 못하면 좋은 기회가 와도 그 기회를 잘 활용하지 못한다. 그러면 어떻게 하면 부동산 투자하면서 실수를 최소화할 수 있을까? 부동산 투자에서 가장 많은 실수는 고점에 매수하여 불안감을 이기지 못하고 저점에 매도하거나 상승장에 겨우 거래가 시작될 때 혹은 매수 가격에 올라올 때 기다리지 못하고 매도하는 일이 많다. 보통 3년 이상 부동산 시장이 활황이면 그것은 상투로 봐도 무방하다. 여기에 정부의 규제가 계속 강경하게 나오면 고점으로 봐도 되고 반대로 부동산 시작이 3년 이상 하락하고 정부의 각종 부양책이 나오면 저점으로 봐도 무방하다.

만약 부동산을 고점에 매수했다고 판단이 되면 재빨리 매도하라. 타이밍을 놓쳤다면 긴긴 하락기를 견딘 만큼 거래가 된다고 바로 매도하거나 본전 회복이 되었다고 매도하지 말고 상승장이 3년 이상 이어졌는지 정부의 규제책이 나왔는지 살펴서 매도해야 한다. 그러나 어떤 일이 있어도 본인이 매수한 가격까지 회복하지 않으면 매도하지 않겠다는 자세는 투자 기회를 놓치는 어리석은 행동이다. 기대치가 낮은 부동산은 손실폭이 적다면 과감히 매도할 수 있는 용기가 필요하다.

부동산은 정부 정책과 아주 밀접하므로 많은 관심을 가져야 한다. 과거 시세와 3~5년간 상승 하락의 반복 패턴을 확인한 후 저점 매수해야 하며 가급적이면 서울, 수도권 지역, 재건축과 뉴타운, 재개발과 분양권 위주로 투자하는 것이 좋다. 구축 아파트는 상승 여력이 있는 지역과 아파트만으로 선별하여 매수해야 한다. 그리고 갈수록 1~2인 가구가 늘어나는 추세이므로 소형 평수에 투자하는 것이 안전하다.

사회 초년생들이 처음 집을 구하면서 부동산 지식이 없는 경우 부동산 중개사 소장님들의 달콤한 말에 넘어가거나 또는 돈이 많거나 돈을 벌어본 주변 지인의 말만 믿고 덜컥 매수하는 경우가 많은데 아무리 초보자라도 사이클과 과거 시세, 개발 호재 등을 확인하고 판단하여 매수해야 한다. 잘 모르거나 어설프게 아는 경우는 부동산 투자를 잘하는 사람들의 조언을 따라야 한다. 특히 사회 초년생들이 처음 집을 구하면서 부동산을 돌아다니다 부동산 관계자의 말에 취하고 주변 환경이 좋은 아파트에 현혹되어 부동산 시세도 보지 않고 즉흥 구매하는 경우도 있는데 좋은 투자수익은 얻기 힘들다. 부동산 임장을 다니면서 분위기에 휩쓸리지 말고 물건만 보고 오겠다는 초심을 유지하도록 해야 한다.

보통 투자하는 사람들은 전철이나 대규모 상권 형성, 재건축과 재개발 추진 단계 등의 이런 저런 호재를 자신만 알고 있는 1급 비밀처럼 판단하여 미래 가치라는 명목으로 투자하게 되는데 3~4년간 집값이 오른 상태에서 이러한 호재들은 발표 시점에 거의 반영된다는 점을 잊어서는 안된다. 그리고 교통 환경이 개선이 되더라도 무조건 집값이 오르던 시대는 이제 지났다. 수도권에 전철이 있지만 집값이 낮은 곳들이 수두룩하다는 것을 잊지 말자.

단기 수익을 목표로 투자를 하더라도 장기적인 마인드로

자본주의 사회에서 집값은 시간을 두고 계속 오른다. 당연히 누구는 얼마 벌었다는 부동산 투자 성공담이 가슴을 후벼 파서 내 집이 없는 설움과 집값이 계속 오를 것 같은 불안감으로 투자 전선에 들어오는 사람들이 많은데 개미들이 이렇게 불나방처럼 달려드는 시점이 고점이거나 그 근처 시세이므로 기다려야 한다. 1~2년 기다려도 집값이 계속 오르게 되면 불안 심리가 극에 달하는데 계속 정부 정책이 나오면 집값이 하락 반전한다는 징조이다.

보통 내 집이 많이 오르거나 주변에 고가 아파트가 많으면 시세 차익에 대한 자신감이 생기고 억지 호재까지 믿으면서 상승장에 매도하지 않게 된다. 결국은 하락기를 맞아 추락하게 되면 다음 상승장까지 허송세월을 보내야 한다. 좋은 아파트로 갈아탈 기회도 놓치게 된다. 요즘은 많은 미디어 매체가 늘어나서 많은 부동산 방송과 전문가 무료 특강을 접할 기회가 많다. 보통 부동산 전문가들은 팬 층이 두터워서 맞든 틀리든 부동산 전망과 해결 방법에 최선을 다 하는 경우가 많다.

그러나 전문가의 범위가 모호하며 TV에 나오고 많은 사람들을 모아서 특강을 한다고 해서 실력이 있는 전문가가 아니다. 특히 아파트 외의 남들이 꺼려하는 빌라, 오피스텔, 일부 상가 등을 확실한 근거 없이 호재와 함께 추천하는 분들은 부동산 전문가라기보다 회사 대표이거나 영업자인 경우가 많다. 그러므로 매수에 최대한 보수적으로 접근해야 한다. 부동산 투자는 금액이 큰 투자인 경우가 대부분이므로 검토하고 또 검토하는 것이 좋다. 돌다리도 두드리고 건너라.

부동산 하락기에 두려워 투자를 하지 못하는 사람들이 있다. 집값이 천정부지로 치솟아서 오르게 되면 부동산 성공 사례가 여기저기에서 들리므로 그 유혹을 이기지 못하고 맹목적으로 묻지마 투자가 성행한다. 반대로 가격이 급락하게 되면 더 떨어질까 봐 겁이 나서 부동산에 관심을 끊고 사는 실수를 한다. 바로 이 시기가 내 집 마련과 부동산 투자 수익을 극대화 할 수 있는 최고의 기회라는 점을 기억해야 한다.

지금은 부동산 청약으로 시세 차익이 매우 커서 로또 청약이라고 불린다. 그래서 많은 사람들이 청약에 관심이 많다. 청약 가점이 높은 편이거나 그것과 상관없이 청약이 최고인줄로만 착각하고 그 외에는 부동산 대책을 세우지 않는 사람이 많다. 당첨이 되면 다행이지만 오히려 청약이 하락기 저점 매수를 못하게 하는 족쇄가 되어 많은 기회를 놓치는 사람들이 많다. 부동산 하락기 바닥 시세 급매는 유망 지역 청약 당첨보다 투자 수익이 높은 곳도 많다.

집값은 상승과 하락의 연쇄적인 그래프를 그리면서 상승장에는 지속으로 올라 매수하려고 하는 사람들에게 엄청난 인내심과 초조함을 안겨준다. 하락장에는 끝없이 추락하여 매도하고자 하는 사람들에게 혼란을 안기며 불안감을 준다. 그러나 결국 하락보다 상승폭이 더 큰 방향으로 우상향함으로 내 집 마련을 하지 않으면 아무리 절약하고 저축을 하더라도 집 있는 사람의 자산 증식을 따라갈 수 없다. 집값이 2~3년간 하락한다면 반드시 내 집 마련을 해야 한다. 그리고 부동산의 대한 최소한의 지식과 주변 사람들, 언론 등에 휘둘리지 않는 강력한 정신 상태를 가져야 투자에 성공할 수 있다. 부동산 자체가 시간이 오래 소요되는 장기적인 투자임에도 하루하루 부동산 흐름에 일희일비하여 정신적 스트레스를 받지 말아야 한다. 지금까지 필자가 부동산 투자하면서 느낀 점들을 설명했다. 누구나 다 아는 상식 같지만 실제로 자신의 투자에 대입을 하지 못해 투자에 성공하지 못하는 사람들이 많다. 이번 기회에 부동산 투자 마인드 강화와 부동산에 대한 최소한의 지식과 패턴을 양식으로 삼아 다음에는 꼭 성공하는 투자자가 되자.

이 책을 통해 필자가 말한 많은 실수담을 반면교사로 삼아 반대로 바꿀 수만 있다면 부동산을 보는 안목이 생기고 수십 년간 저축해야 할 많은 돈을 부동산 투자를 통해 얻을 수 있을 것이다. 부동산 공부를 하면 여러모로 이점이 많다. 수익형 부동산을 취득할 때도 레드오션이 아닌 블루오션을 찾아 저렴한 가격으로 보다 좋은 매물을 취득해 높은 투자 수익을 얻을 수 있다.

어떤 이들은 부동산은 운이 좋아야 성공한다고 말하는 사람들도 있다. 아무것도 모르던 사람이 순식간에 부동산 가격이 올라 재테크에 성공하는 일이 있다. 반면에 오랫동안 준비하는 사람이 있는가 하면 집중 탐구를 통해 한 순간에 결실을 거두는 사람이 있다. 그러나 부동산 공부를 하지 않으면 단언하건대 10년, 20년, 세월이 지날수록 격차는 더욱 벌어질 것이다. 그리고 돈을 보는 관점, 미래를 보는 눈까지 달라질 가능성이 높다. 되든 안 되든 직접 부딪히며 공부하는 사람과 가만히 있는 사람은 다를 수밖에 없다. 확실히 부동산은 아는 만큼 보인다. 그리고 많이 보이는 만큼 기회도 많아진다.

현재 필자는 지금까지 부동산 투자를 진행하면서 얻은 많은 경험을 많은 사람들에게 나누기 위해 노력하고 있다. 부동산이라는 큰 레버리지를 이용하여 이 책을 읽는 모든 이들이 더 풍요로운 삶을 살기를 기원한다. 부동산 투자를 통해 부를 쌓기를 원하는 사람은 언제든지 내 휴대전화 (010-6788-7374)로 연락을 주면 최선을 다해 도움을 줄 수 있도록 하겠다. 어제보다 더 풍요롭고 행복해지기 위해 이 책을 읽고 있는 당신을 응원한다.

진짜

부자가

되고 싶으면

부동산에

투자하라!

투자(投資)라는 한자를 풀어쓰면, 자본을 던진다는 뜻이다. 던졌다가 다시 돌아오지 못해도 어쩔 수 없는 일이다. 따라서 투자에는 돈이 돌아오지 못하는 일도 있지만, 거의 다 돌아오고 일정한 시간이 지나면 큰돈이 되어 돌아오는 경우도 있다. 따라서 투자는 자본을 던져서 시간을 이용해서 더 큰 돈을 만드는 것이다. 주식은 하루나 이틀 사이에 이익을 보기도 하고, 손해를 보기도 하나 부동산 투자에서는 세월을 필요로 한다. 세월이 필요 없는 투자는 투기가 되는 것이고, 정상적인 투자라 할 수 없다.

투자의 대표적인 거래가 부동산이고, 우리가 아는 아파트, 건물, 상가, 토지 등이다. 지금 부동산 시장은 양극화 현상으로 인해 서울은 급등한 반면 지방 부동산 시장은 침체의 늪으로 빠져 있다. 서울이나 수도권에 비하면 지방 부동산은 매우 어려운 실정이다. 지방의 땅값은 집값처럼 오르거나 내리지도 않은 상태이고, 서울과 수도권은 강세이다.

그러나 이런 추세가 계속된다고 섣불리 장담을 할 수 없다. 이런 시장 상황 속에서 투자는 어떻게 해야 하는지 묻는 사람들이 많다. 그때마다 하는 말이 "높이 나는 새가 멀리 본다."고 조언을 해준다. 멀리 봐야 먹이를 빨리 찾을 수 있고 위험도 먼저 피할 수 있다. 부동산 투자 역시 마찬가지다. 더 많은 물건을 봐야 투자할 물건을 보는 안목도 생기고 위험을 줄일 수 있다. 높이 날면 멀리 볼 수 있고, 멀리 보면 장기 투자를 할 수 있는 것이다.

부동산 투자할 때는 미리 철저한 자금 계획과 함께 투자 기간을 생각해두는 게 좋다. 짧은 기간 자금을 운용할 때는 환금성에 초점을 맞추고, 멀리 내다보고 투자한다면 발전성 높은 개발 예정 지역에 투자해야 한다. 요즘의 단기 투자는 걸림돌이 많아 장기 목표를 갖고 투자처를 찾아야 한다. 보유세 강화에 따른 각종 세금과 함께 갈수록 환금성이 떨어져 단기간에 시세 차익을 거두기 어려워지고 있다.

장기 투자를 고려할 때 유망한 투자처는 '유망 지역'이자 '개발 호재'가 있는 곳이다. 앞으로 인구 증가율이 감소하고 주택 보급이 늘어나면 부동산 시장은 고가 우량주가 더욱 빛날 것이다. 현재보다 앞으로 가치가 상승할 가능성이 큰 지역의 부동산을 사두면 가격이 꾸준히 올라 추후에 시세 차익을 올리기 쉽다. 단기 투자 시에는 상승의 흐름이 덜 반영돼 제 값을 받기 어렵지면 시간이 흐르면 분명히 가격 상승 탄력을 받을 것이다.

단 장기 투자를 고려하더라도 단기 시장 흐름을 소홀히 하면 안 된다. 부동산 시장의 장기 투자 전망은 사실상 불가능하다. 투자 시점에 있는 물건의 지역 흐름을 읽고 매매 타이밍을 잡아야 한다. 부동산 가격은 한 번 형성되면 이를 중심으로 주변으로 퍼져 나가는 것이 일반적이기 때문이다. 부동산 장기 투자에 나설 때 앞으로 유망한 투자 상품과 함께 가격이 오를 지역을 찾는 노력을 하길 바란다.

이 책을 통해서 부동산 투자에 대한 용기를 얻기를 바라는 심정으로 집필했다. 평범한 사람들도 부동산 투자가 자신과 전혀 상관없는 시장이 아니고 그리 어려운 시장은 아니라는 것을 말하고 싶다. 물론 필자가 풀어 놓은 방법이 모두 정답이라고 말할 수는 없다. 각 투자자의 성향에 따라 다른 정답을 만들어낼 수도 있을 것이다. 하지만 이 책을 통해 부동산 투자에 대한 기초를 다질 수 있다면 더 이상 바랄 것이 없다. 부동산에 현명하게 투자하여 성공적인 인생을 열어가길 기원한다. 진짜 부자가 되고 싶으면 부동산에 투자하라!